“两山”理念下的生态用地整治创新与实践

刘成武　黄利民　著

气象出版社
China Meteorological Press

内容简介

本书以“绿水青山就是金山银山”理念为指导，采用文献分析、田野调查、专家咨询与案例实践等方法，围绕新时代生态用地整治这一核心主题，基于“理论创新、技术集成与应对策略”三个重点展开研究：一是对生态用地整治“是什么（概念、对象、目标与任务）、整治什么（关键要素）、如何整治（整治方向）”等关键科学问题做了探索性研究，在理论上初步构建了生态用地整治的理论框架；二是对生态用地整治项目区的“基础评价、规划设计、工程实施、效益评估、项目管理”等关键技术与方法进行了实践性的探索，构建了生态用地整治的全过程技术体系；三是结合我国土地综合整治的地方实践，分别对湖北省、浙江省的生态用地整治创新实践进行案例研究，在策略上提出我国新时代生态用地整治的应对建议。这些成果对我国新时代生态用地的整治工作具有重要的指导参考价值。

本书对土地利用与管理、土地整治与生态修复等领域的从业者、管理者与研究者具有参考价值，也可作为高等院校与研究院（所）相关专业本科生与研究生的阅读书目。

图书在版编目（CIP）数据

“两山”理念下的生态用地整治创新与实践 / 刘成武，黄利民著. -- 北京 : 气象出版社，2023.1
ISBN 978-7-5029-7800-6

Ⅰ. ①两… Ⅱ. ①刘… ②黄… Ⅲ. ①土地整理－生态恢复－研究－中国 Ⅳ. ①F321.1

中国版本图书馆CIP数据核字(2022)第166241号

“两山”理念下的生态用地整治创新与实践
“Liangshan” Linianxia de Shengtai Yongdi Zhengzhi Chuangxin yu Shijian

出版发行：气象出版社
地　　址：北京市海淀区中关村南大街46号　　邮政编码：100081
电　　话：010-68407112（总编室）　010-68408042（发行部）
网　　址：http://www.qxcbs.com　　E-mail：qxcbs@cma.gov.cn
责任编辑：蔺学东　王　聪　　终　　审：张　斌
责任校对：张硕杰　　责任技编：赵相宁
封面设计：博雅锦
印　　刷：北京中石油彩色印刷有限责任公司
开　　本：787 mm×1092 mm　1/16　　印　　张：11.25
字　　数：230千字
版　　次：2023年1月第1版　　印　　次：2023年1月第1次印刷
定　　价：80.00元

前　言

在生态文明建设的新时代，我国的土地整治工作正迈入一个提档升级的新阶段，对不同类型的生态用地进行全域性的综合整治，已成为我国土地综合整治的新态势。以“绿水青山就是金山银山”（以下简称“两山”理念）为指导，构建以传统土地综合整治为基础的生态用地整治理论框架，形成生态用地整治的技术体系，制定适合新时代的生态用地整治策略，对我国新时代的粮食安全、生态安全具有重要的理论与实践价值。但是，如何实施生态用地整治、如何提升其生态产品生产能力等，我国现有土地整治从理论到实践都涉及较少，难以有效应对。新时代的土地整治亟须转型升级，生态用地整治理论亟须创新发展。

在国家自然科学基金项目与湖北省自然资源科技攻关计划项目的支持下，结合湖北省与浙江省部分土地综合整治试点项目案例，采用文献分析、专家咨询、实地调研与项目实践等研究方法，在梳理生态用地整治的基础理论及其研究进展的基础上，挖掘了习近平总书记“两山”理念中的生态用地整治思想，重点对生态用地整治的内涵（概念、对象、目标、任务）、生态用地整治的关键要素（山、水、林、草、地、道）、不同生态用地的整治方向等关键理论问题进行了探索；对生态用地整治项目区的遴选与可行性研究、生态用地整治项目的规划设计、生态用地整治项目的施工、生态用地整治项目效益评价与生态用地整治潜力分析等关键技术进行了较为系统的研究；结合湖北省与浙江省土地综合整治中生态项目试点的工作进展，对生态用地整治的工作基础、生态用地整治的潜力等问题进行了分析，并从“凝聚共识、试点探索、科学规划、部门协同、机制创新”等方面提出了生态用地整治的策略建议。这些成果对我国新时代生态用地的整治工作具有重要的指导参考价值。

本书共分六章。第一章分析了开展生态用地整治的时代背景与重要意义，简要介绍了本书的研究目标、主要内容、研究思路与研究方法；第二章在考察国外土地整治的实践进展、阶段性特征及其发展态势的基础上，对国内土地整治的发展历程、整治成就、创新特色与当前面临的“危”与“机”等问题进行梳理，并重点挖掘了“两山”理念中的生态用地整治思想，明确了“两山”理念对我国新时代生态用地整治的引领作用；第三章在界定生态用地、生态用地整治等关键术语，厘清生态用地整治基础理论的基础上，重点对生态用地整治的内涵、对象、目标与任务、生态用地整治的关键要素与不同类型生态用地（边际土地、废弃宅基地、生态低值地与生态廊道地）的整治方向等关键问题进行系统研究；第四章重点对生态用地整治过程中的项目区遴选与可行性研究、项目区的规划设计与工程实施、生态用地整治项目效益的综合评价与生态用地整治潜力的测算分析四大关键技术进行了详细的介绍，从技术层面解决在什么地方、如何进行生态用地整治等问题；第五章基于中国土地整治现状，重点对生态用地整治的湖北模式与浙江模式进行剖析，系统介绍其率先试点探索的背景、进展、成效、经验与问题以及在生态文明建设的新时代生态用地整治应该遵循的原则、采取的策略等；第六章在总结本书生态用地整治研究结论的基础上，对我国新时代生态用地整治的前景进行了展望。

在本书编写过程中，受到湖北省自然资源厅徐振坤、陈平、丁晓东与土地整治中心李光、吴鹏等领导的指导，感谢广水市自然资源局杨济权局长、赤壁市自然资源局吴达胜局长在项目调研期间的大力支持；华中农业大学张安录教授、杨刚桥教授与柯新利教授，华中科技大学卢新海教授与谭术魁教授，华中师范大学周勇教授与喻光明教授，中国地质大学（武汉）李江枫教授与胡守庚教授等均给过极具参考价值的意见，这些教授的鼓励与支持催人奋进；特别感谢自然资源部土地整治中心刘新卫同志给予的支持与指导！在项目资助下，中南民族大学土地资源管理专业的侯沁言、朱锦维、张永森、樊春霞、郭鑫、王杰、莫森岚与谭书德等研究生同学，围绕生态用地整治这一主题做了相关探索，为研究成果的出版贡献了自己的劳动与智慧，在此衷心感谢他们、祝福他们！

在本书撰写过程中，我们参考了大量同行的研究文献，从中汲取了不少灵感，引用了部分观点，在此，我们对原作者一并致以崇高的谢意！

著者

2022 年 1 月

目 录

第一章　导　论

本章首先对开展生态用地整治研究的必要性及其意义进行分析，然后简要介绍了本书的研究目标、主要内容、研究思路与研究方法。

一、开展生态用地整治的时代背景与重要意义

（一）开展生态用地整治是新时代生态文明建设的必然要求

1. 加快生态文明建设是国家重要战略部署，生态用地的整治与修复是实现美丽中国与生态文明建设的关键环节与重要着力点

生态文明是可持续发展的延续和发展，其内涵比可持续发展更加丰富（宓泽锋 等，2016）。习近平总书记指出，“生态文明建设是中国特色社会主义事业的重要内容，关系人民福祉，关乎民族未来，事关‘两个一百年’奋斗目标和中华民族伟大复兴中国梦的实现”（周生贤，2013）。2012 年 11 月，党的十八大从新的历史起点出发，制定“大力推进生态文明建设”的战略决策，首次将生态文明建设纳入到推进中国特色社会主义事业“五位一体”总体布局当中。中国特色社会主义事业总体布局从“两位一体”到党的十八大所提出的“五位一体”，反映出党顺应时代变化，针对发展过程当中出现的突出新矛盾，将生态文明建设纳入到“五位一体”总体战略布局当中。党的十九大报告将建设生态文明贯穿始终，将生态文明建设提升到了新的历史高度。建设生态文明贯穿报告始终。在中华民族伟大复兴事业的实践中，建设生态城市与美丽乡村已成为全社会的共同目标，而生态用地的保护及其生态服务功能的提升成为实现这一目标的资源基础。

但是，在过去30多年的城镇化过程中，我国在生态方面历史欠账多、问题积累多、现实矛盾多（焦思颖，2018），国土生态安全与持续发展的生态资源基础受到严重破坏，国土空间生态保护修复工作面临严峻挑战，任重而道远（傅伯杰，2015）。党的十八届三中全会确定了快速城镇化的新规划，这就意味着将有更多的农户将从田间地头进入城镇，城镇建设用地将会在空间上进一步扩张，城镇周边的森林、农田、草地与水体湿地等生态用地也将面临更加严峻的形势（方创琳，2013）。在新一轮城镇化过程中，如果还出现生态用地迅速减少的局面，我国生态安全问题将会更加严重。因此，保护好生态用地，提升生态用地的生态服务价值，已成为我国生态文明建设过程中的当务之急。为了更好地保护生态用地，要把生态文明建设放在突出地位，要纳入社会主义现代化建设总体布局，要树立和实践"绿水青山就是金山银山"的理念，坚持节约资源和保护环境的基本国策，像对待生命一样对待生态环境，统筹山水林田湖草系统治理，实行最严格的生态环境保护制度，形成绿色发展方式和生活方式，坚定走生产发展、生活富裕、生态良好的文明发展道路，建设美丽中国。

基于国情，自然资源部（原国土资源部）在启动"十三五"土地整治规划编制时已将保护生态环境作为根本要求。在新一轮国家机构改革过程中，自然资源部又新设一个国土空间生态修复司，具体承担生态保护修复职责。但是，到底如何进行生态用地整治、修复，如何提升生态用地的生态服务功能等问题，却是个新的课题。因此，在新时代的生态文明建设过程中，有必要对生态用地整治与修复的内涵（概念、对象、目标与任务），生态用地整治的关键要素，不同生态用地的整治方向及其整治技术等关键问题进行创新性的探索。

2. 从农用地整治向生态用地整治转变，是土地持续利用、农业持续发展与农村生态环境改善的必经阶段，我国土地整治工作开始步入这个关键转型时期

10多年来，自然资源部（原国土资源部）会同有关部门和地方各级人民政府，重点围绕保护18亿亩*耕地红线和15.6亿亩基本农田，有规划、有计划地对"田、水、路、林、村"进行综合整治，较好地稳定了耕地数量，提高了耕地质量，改善了农业生产条件。国家发展和改革委员会2017年发布的《全国土地整治规划（2016—2020年）》资料显示，2011年以来，全国整理农用地5.3亿亩，建成高标准农田4.03亿亩。补充耕地2767万亩，其中，土地

* 1亩≈666.7 m^2。

开发补充耕地822万亩，土地整理、土地复垦补充耕地1755万亩，增减挂钩补充耕地190万亩，新增耕地面积超过同期建设占用和自然灾害损毁的耕地面积，保证了全国耕地数量基本稳定；补充耕地70%来源于土地整理复垦，并且土壤熟化程度较高。据统计，经整治后的耕地质量平均提高1个等级、亩产平均提高10%～20%，提高了耕地生产能力，新增粮食产能373.68亿kg（国家发展和改革委员会，2017）。毫无疑问，我国持续多年的以"增地、增产"为核心的农用地整治工作成绩斐然，阶段性成果显著。

现有宜农土地尤其是优质农地（如各类基本农田保护区）在经历一轮以上的土地整治后，在农田水利设施条件与农地耕作条件得到显著改善、农地的"增地、增产"潜力得到有效提升的同时，原有限制农地高效利用的关键因子得到了整治；但是，农地地块以外的其他生态环境要素等却没有系统性地纳入当前的土地整治重点，基于大尺度的系统性的生态学整治理念与生态整治技术也没有得到应有的重视（郧文聚，2016）。正是由于没有充分理解当地的地形、水系、生物等构成生态系统结构和功能的要素，再加上生硬地理解和一味追求"田成方、路成网、渠相通、树成行"的标准化建设，用推土机式的力量对土地进行过度的改造，而忽略了自然生态系统循环共生的规律，致使大量需要生态化的沟渠被过度硬化、多样化小树林被砍掉、水塘被填埋、蜿蜒的河流被拉直，最终导致孕育我国地域文化和生产、生活、生态的乡土风貌严重受损（郧文聚 等，2011）。我国一些土地整治项目，土地规模化经营水平较低，田块归并有限，修建的道路、沟渠和其他基础设施多以混凝土或钢筋混凝土为主，在土地流转实行规模化经营后，这样规划设计就不合适了，部分建成的基础设施维护成本高，对农田生态系统破坏也大（罗明 等，2016）。

土地整治要适应农业经营方式转型升级的需要，坚持生态理念，创新规划设计方法和实施工艺，确保耕地可持续利用。在我国生态文明建设的大背景下，只有将绿色发展的理念融入其中，建设生态良田和美丽乡村，土地整治工作才会提档升级。因此，基于更大尺度的生态学与系统论的生态用地整治就成为新时期土地综合整治的必然选择。

3. 边际农地向生态用地转换，区域生态好转迎来重要机遇，生态用地整治是实现生态好转的关键环节

20多年来，随着我国工业化与城镇化进程不断加深，农地边际化现象不断蔓延，边际化程度不断加深（刘成武 等，2006；李秀彬 等，2011）。在这一过程中，我国农村地区尤其是丘陵山区，大量农业劳动力从农业析出，部分农

地沦为边际土地，出现弃耕撂荒现象，不仅引发了"谁来种地"与"谁来养猪"的问题（王介勇 等，2012），而且出现了"空心村"，部分乡村出现衰败迹象（龙花楼，2013）。一些边际化地区（如丘陵山区）土地资源的承载压力因此减轻，有利于土地生态系统的恢复。许多发达国家的土地利用历史表明，在农地边际化过程中，输出劳动力的农村地区特别是边远的山区，由于人口的减少和农业活动强度的降低，土地资源所承受的压力下降，生态状况逐步改善，经济发展与生态状况呈现"双赢"的局面。毫无疑问，40 多年来的改革开放，我国的经济得到了快速发展，实现了"赢"的目标。

但是，我国是一个山地多、平原少的人口大国，在丘陵山区有粮食供给压力，存在较为严重的贫困问题与生态问题；我国农村人口在城市化过程中存在明显的"往返漂移"现象，相当多的农户只在青壮年时期在城市季节性工作（年初外出务工、春节回家团聚），年老时返回农村养老，这不同于西方城市化过程中的"市民化定居"。我国这种不同于发达国家的国情、正在发展的农地边际化现象能否在社会经济发展的同时也带来我国生态环境的好转？环境库兹涅茨曲线（EKC）中环境好转的拐点是否在我国东、中部地区的边际化地区开始出现？如果这种"双赢"局面在我国的农地利用过程中也会出现的话，那么在理论上我们必须厘清农地边际化—边际土地—生态用地—生态好转这些环节之间的内在关系，并在实践中寻求边际土地向生态用地转换、生态土地服务功能提升的关键技术与措施。而生态用地整治就成为实现这一目标的关键环节，这是本书研究的主要依据。

4. 新时代的生态国土建设对我国土地整治提档升级的要求具有紧迫性

开展山水林田湖草生态保护修复、建设生态国土，进一步优化国土空间开发格局，是生态文明建设的重要内容，是贯彻新时代绿色发展理念的有力举措，是坚持以人为本、促进社会和谐的必然选择。2016 年，财政部、国土资源部、环境保护部联合印发《关于推进山水林田湖生态保护修复工作的通知》（财建〔2016〕725 号），并组织遴选了第一批试点，标志着山水林田湖草生态保护修复进入实质性运行阶段。2017 年中央一号文件提出推进"山水林田湖"整体保护、系统修复、综合治理，加快构建国家生态安全屏障；李克强总理在年度政府工作报告中提出"启动第二批山水林田湖生态保护修复工程试点"。为贯彻落实政府工作报告要求，财政部、国土资源部、环境保护部联合印发《关于组织申报第二批山水林田湖生态保护修复工程试点的通知》（财办建〔2017〕26 号），要求各地积极组织开展第二批山水林田湖生态保护修复工程试点申报工作。

开展山水林田湖生态保护修复必须牢固树立尊重自然、顺应自然、保护自然的理念，通过实施矿山环境治理恢复，推进土地整治与污染修复，开展生物多样性保护，推进流域水环境保护治理，全方位系统综合治理修复，优化国土空间开发格局，促进资源节约、集约利用，推动人居生态环境保护，全面推进山水林田湖草整体保护、系统修复、综合治理，以此加快形成人与自然和谐发展的现代化建设新格局，开创社会主义生态文明新时代。

随着经济结构优化、发展动力转换、发展方式转变，国土资源的需求结构、动力机制、内外环境也出现重大趋势性变化，加快调整资源供应结构，加快推进国土资源科技创新，加快转换国土资源利用方式，都对土地整治提档升级提出了更多新要求，《中共中央 国务院关于加快推进生态文明建设的意见》强调国土是生态文明建设的空间载体，加快推进国土综合整治；中共中央办公厅、国务院办公厅印发的《关于划定并严守生态保护红线的若干意见》提出实施生态保护红线保护与修复，作为山水林田湖生态保护和修复工程的重要内容。《全国国土规划纲要（2016—2030年）》明确构建“五类三级”国土全域保护格局，推进形成“四区一带”国土综合整治格局，提高生态文明建设水平，同时提出到2030年耕地保有量保持在18.25亿亩以上，建成高标准农田12亿亩，历史遗留矿山综合整治力度达到60%以上，全国规模以上矿山全部达到绿色矿山标准。

在我国当前生态文明建设加快推进的背景下，推动土地整治向国土综合整治、转型升级是促进山水林田湖生态保护修复，优化国土空间开发格局，建设生态中国、美丽中国的重要举措和必要路径。《全国土地整治规划（2016—2020年）》提出“按照生态文明建设要求，实施山水林田湖综合整治，加强生态环境保护和修复，大力建设生态国土”，引领土地整治向国土综合整治转型发展，表明了土地整治将在实施山水林田湖保护修复工程、建设生态国土方面发挥先行示范作用。

实施山水林田湖综合整治，必须坚持“山水林田湖是一个生命共同体”重要理念，立足“四区一带”国土综合整治格局，进一步拓展土地整治的内涵和外延，把生态保护修复作为重要内容，把握挖潜土地整治多功能定位、多模式实施、多元化投入“三多”特性，分区分类开展土地整治，促进实现格局优化、系统稳定、功能提升。在城市化地区，以低效建设用地再开发为主要抓手，统筹推进以净化城市空气和调节城市小气候、有效处理废水废物、调节城市降雨与径流为内容的生态保护修复；在农村地区，以高标准农田建设、农村闲置低效土地整治、城乡建设用地增减挂钩、田水路林村综合整治为主要抓手，统筹推进以土地沙化和盐碱化治理，防治土壤污染、改善农村居住环境与人文景观为重要内容的生态保护修复；在重点生态功能区，以土地生态保护和修复建设为主要抓手，开展以增强水土保持功能、强化水源涵养功能、提高防风固沙水平、加强生物多样性保护为内容的生态保护修复；在矿产资源开发集中区，以废弃工矿用地改造、土地复垦为主要抓手，开展以修复矿区水土环境、重构矿区土壤植被、重建矿区生态景观、保护矿区生物多样性为内容的生态保护修复；在海岸带和海岛地区，开展以近岸海洋生态修复、海岛生态修复、陆源污染控制为内容的生态保护修复，切实推进山水林田湖生态保护修复，为美丽中国建设做出更大的贡献。

（二）开展生态用地整治研究具有重要的理论与实践意义

1. 深化生态用地整治的基础理论

我国土地整治经历了“农田整理”到“土地综合整治”的发展过程，土地整治的重点主要集中在“农地”这一块，传统土地整治的思想、理论、技术与方法等，也是围绕“农地整治”这一核心展开的；尽管近年有部分省份意识到土地整治中的生态用地整治的重要性，并在土地综合整治中开始试点生态项目；但是，总的来看，我国生态用地整治还没有受到足够的重视，在理论上对生态用地整治中的关键科学问题（如生态用地整治“是什么、整什么、怎么整”等）缺乏研究，生态用地整治的基础理论、关键技术亟须研究。本书以“两山”理念为指导，在理论上重点梳理生态用地整治的内涵、生态用地整治的关键要素与不同生态用地的整治方向等关键基础科学问题，并探索构建我国生态用地整治的理论框架。这些研究将在理论上取得一些创新性的认识，在学术上有抛砖引玉的效应，可以推动并深化生态用地整治基础理论的研究。

2. 为新时代的生态用地整治提供技术支持

生态用地的整治离不开整治项目区的遴选与可行性研究、项目区生态整治方案的规划与设计、项目区的施工方案、项目区整治的效益评价等关键技术的支持，而本书通过对湖北省生态用地整治案例试点实践的研究，对生态用地整治项目区的遴选与可行性研究、生态用地整治项目的规划设计、生态用地整治项目的施工、生态用地整治项目效益评价等关键技术进行了探索与实践，这些技术对新时代的生态用地整治具有重要的启发与参考价值。

3. 助力新时代的生态文明建设

乡村生态用地的整治与生态服务价值的提升对乡村振兴战略中的“生态文明”与“美丽乡村”等具有基础性的作用。乡村生态用地主要承担水源涵养、土壤保持、防风固沙、洪水调蓄、河岸防护和生物多样性等功能，是维护生态安全不可或缺的土地，是乡村生态文明建设的基础与条件。通过土地综合整治、生态系统修复等办法，可以提升生态用地的服务价值，助力乡村生态文明建设。

二、生态用地整治研究的目标与主要内容

（一）目标与任务

本书旨在通过梳理国内外研究进展，厘清生态用地整治的关键问题，在理论上初步构建生态用地整治的理论框架，在学术上推动生态用地整治基础理论的发展；在实践中探索并形成一套适合中国新时代生态用地整治的管理技术与策略，为生态用地整治工作提供决策依据与技术支撑。

具体来讲，完成三个任务：

① 在界定农地与生态用地、边际土地与生态土地、土地整治与土地生态整治等概念的基础上，对生态用地整治的基础理论进展进行梳理，在理论上初步构建生态用地整治的理论框架；

② 结合中国生态用地整治现状，在实践中探索生态用地整治项目区的遴选、项目区的规划设计、项目区的施工、项目竣工验收与绩效评价等关键环节的技术要点与标准规范；

③ 对案例省的生态用地整治试点进行剖析、总结，在政策与管理层面形成生态用地整治的原则与策略，为决策与管理部门提供参考。

（二）主要内容

1. 国内外土地综合整治的实践进展及态势

首先，以德国、荷兰、俄罗斯、日本与韩国为例，考察国外土地整治的实践进展、阶段性特征及其发展态势，分析国际经验对中国新时代土地综合整治的启示；其次，在梳理国内土地整治的发展历程、整治成就、创新特色基础上，分析中国新时代土地综合整治中的“危”与“机”；再次，对国内外土地

整治中的“生态整治”共性态势进行归纳总结；最后，对学术界关于生态用地整治研究的文献进行梳理，查找生态用地整治研究中的问题，进一步明确本书的创新方向，为后面章节的理论创新做铺垫。

2. “两山”理念中的生态用地整治思想

对习近平总书记关于“绿水青山就是金山银山”阐述的来源与发展进行梳理，阐述“绿水青山就是金山银山”论述的理论内涵，研究“两山”理念中的生态用地整治思想，挖掘“两山”理念对我国新时代生态用地整治工作的启示与引领作用。

3. 新时代生态用地整治基础理论探索

重点对生态用地整治的几个关键科学问题进行探讨：第一，对生态用地、生态用地整治等关键术语进行界定，厘清生态用地整治的理论基础；第二，重点对生态用地整治的概念、对象、目标与任务等内涵进行分析，重点解决什么是生态用地整治的问题；第三，从“山、水、地、林、草、道”六个方面对生态用地整治的核心要素进行剖析，重点解决生态用地整治什么的问题；第四，根据不同生态用地类型，重点说明边际土地、废弃宅基地、生态低值地与生态廊道地的整治方向，重点回答生态用地整成什么的问题。

4. 生态用地整治项目区的遴选与基础评价

重点解决在什么地方进行生态用地整治的问题。本书从两个层面展开，首先，从单要素与多要素的视角分别构建生态用地整治项目点与整治项目区域的遴选标准，从技术层面解决如何确定整治区域的问题。其次，初步遴选的整治项目区能否变成可以实施的生态用地整治项目需要进行可行性研究。针对这种需要，重点对生态用地整治基础评价的目标、可行性研究的内容及其规范等内容进行介绍。

5. 生态用地整治项目区的规划设计与工程实施

首先，从规划设计的理念、内容及其规范等方面，明确新时代生态用地整治项目区规划设计的规范与要求；其次，重点对农用型边际土地、用途转变型边际农地、废弃宅基地与生态低值荒坡地典型生态用地的整治工程实施技术等进行研究，从技术层面解决生态用地如何整治的问题。

6. 新时代生态用地整治项目效益的综合评价

对生态用地整治项目的实施效果进行综合评价，是土地综合整治项目管理的重要内容。本书旨在解决生态用地整治项目效益评价中的理论与方法问题。

主要内容包括生态用地整治项目效果评价的原则、综合评价的指标体系与方法、生态用地整治项目效果评价的组织管理。

7. 生态用地整治潜力的测算分析

准确了解一个地区生态用地的类型、数量、质量等信息，是制定新时代生态用地整治规划、统筹安排生态用地整治项目的基础。首先从理论上对生态用地整治潜力测算的概念、测算对象、测算目标与测算原则等问题进行研究，然后再针对不同的生态用地类型确定不同的生态用地整治潜力测算方法，最后以湖北省为例，对边际土地、废弃宅基地、生态低值地与生态廊道地四种主要生态用地类型的整治潜力进行测算分析，为制定新时代的生态用地整治策略奠定基础。

8. 新时代生态用地整治的地方创新与整治对策

近年来，我国土地整治过程中的生态意识越来越强，部分省份在土地整治过程中已开始探索生态用地的整治问题，出现了一些有代表性的典型案例。本书基于中国土地整治现状，重点对生态用地整治的湖北模式与浙江模式进行剖析，系统介绍其率先试点探索的背景、进展、成效、经验与问题，在生态文明建设的新时代生态用地整治应该遵循的原则、采取的策略等。

三、生态用地整治研究的思路与方法

（一）研究思路

本书按照前期研究、案例调查与专家走访、生态用地整治的关键理论问题与技术研究、我国新时代生态用地整治的地方创新与实践的逻辑顺序展开研究，技术路线如图 1-1 所示。

具体思路如下：

① 在前期研究阶段，论证我国进行生态用地整治的背景、意义，明确本书的研究目标、研究任务及主要研究内容，在专家论证的基础上确定具体的研究方法与详细的研究方案。

② 在案例调查与专家走访阶段，对湖北省多个土地综合整治项目进行现场考察与走访，重点把握土地综合整治生态项目的进展状况及存在的问题，听取广大基层土地整治工作者对生态用地整治的看法与建议。

③ 在文献研究阶段，对生态用地整治的理论基础及国内外的研究进展进

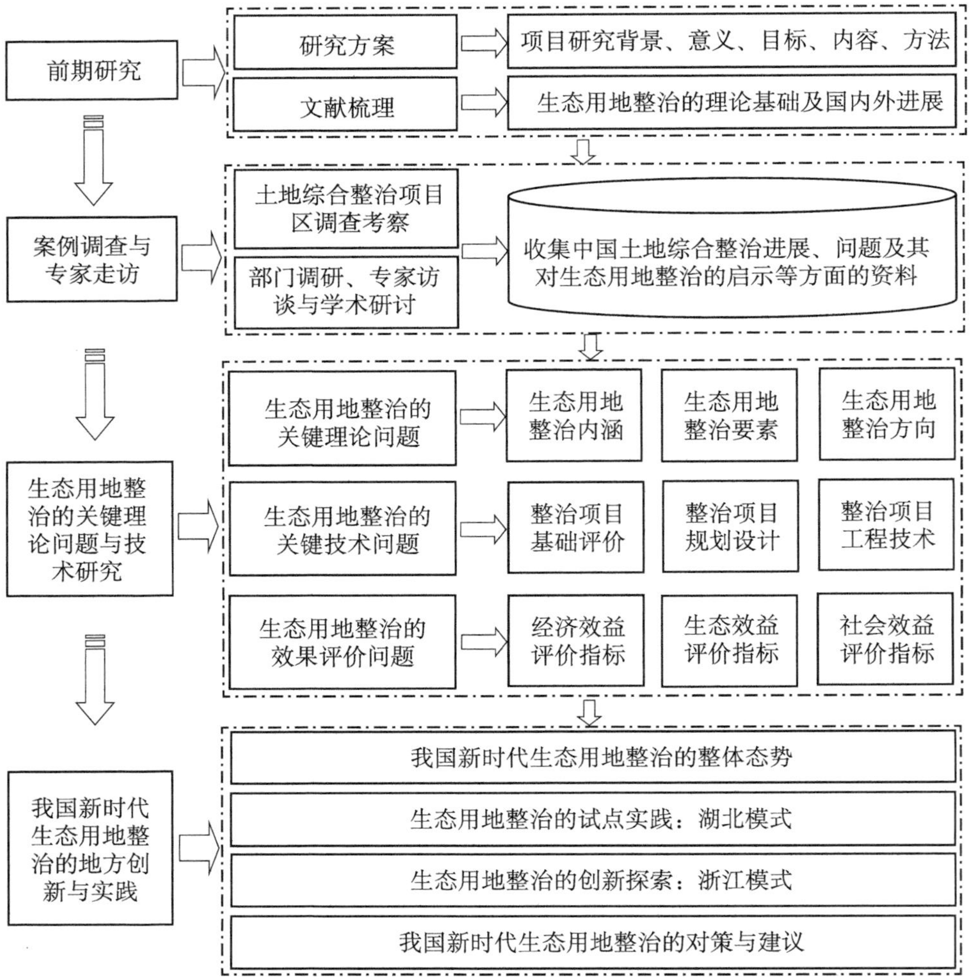

图 1-1　研究技术路线图

行文献梳理，在此基础上，挖掘习近平总书记“绿水青山就是金山银山”理念中的生态用地整治思想，为生态用地整治的理论创新奠定基础。

④ 在理论研究阶段，首先对生态用地整治的几个理论问题进行探讨，重点回答以下问题：什么是生态用地整治（生态用地整治的内涵是什么）？生态用地整治的关键要素有哪些？不同的生态用地如何整治？然后对生态用地整治过程中涉及的关键技术进行研究，重点解决生态用地整治项目区的遴选、规划设计、项目实施及项目效果评价四个环节的关键技术与方法。

⑤ 在新时代生态用地整治的地方创新与整治对策研究阶段，结合中国土地整治现状，重点对生态用地整治的湖北模式与浙江模式进行剖析，系统介绍其率先试点探索的背景、进展、成效、经验与问题，以及在生态文明建设的新时代生态用地整治应该遵循的原则、采取的策略等。

（二）研究方法

1. 文献研究法

依托文献资料，掌握国内外生态用地整治的前沿动态，关注国外生态用地整治的新技术与新方法，对国内外生态用地整治的理论进展进行系统的分析与总结；在此基础上，以“两山”理念为指导，结合部分省（区、市）实践情况，对新时代生态用地整治的关键要素与内涵、遴选生态用地的原则方法、生态用地整治项目的可行性分析、规划设计、工程实施及整治后的综合效益评价等理论与技术进行创新性探索，为我国生态用地整治工作储备基础理论。

2. 田野调查法

我国国土辽阔、地域差异大，不同地区有不同的土地类型，土地综合整治的对象、目标、要素与内容等差异显著，推进土地整治的措施、经验与成绩也不同。这就需要我们深入田间地头，对不同地区生态用地的类型、面积大小、使用现状、整治进展、整治效果等情况进行深入的走访与调查，收集典型案例区的一手数据和资料，建设案例区生态用地整治数据库；在实地考察的基础上，通过问卷调研等方式收集利益相关方对新时代生态用地整治的策划、组织、实施与验收等环节的建议，为制定新时代生态用地整治的对策与建议收集信息、数据。

3. 专家咨询法

从 20 世纪 80 年代的土地整理到目前的土地综合整治，我国在农地整治方面取得了显著成绩，积累了大量经验，涌现了一大批优秀的从业者与研究者。这些专家对土地整治工作有深刻的理解，是新时代生态用地整治工作依托的智库。本书采用专家走访咨询、调查问卷等形式，充分听取国内土地整治领域理论专家与广大实践工作者的意见，收集自然资源管理领域管理者、研究者与从业者的看法与建议，掌握我国土地综合整治工作过程中的进展、成绩、经验与问题，了解并把握新时代生态用地整治的需求，分析新时代生态用地整治工作面临的问题与难点，咨询行业领域专家对新时代生态用地进行整治的看法、建议等，为构建生态用地整治的基础理论框架、形成生态用地整治的技术体系奠定基础。

4. 案例实践法

生态用地整治与目前的土地综合整治有紧密的联系，在整治要素上有交叉，但在整治理念、整治技术等方面有本质上的差异。目前土地整治过程中积累的理论、技术与方法等，并不能直接用于生态用地的整治；新时代生态用地整治的理论、技术与方法等都需要在实践中试点探索，因此，案例实践法也是本书的重要方法。在探索生态用地整治的关键科学问题与整治技术部分，本书主要基于湖北省部分生态用地整治试点案例进行跟踪式的研究，在实践中明确生态用地整治的内涵、生态用地的整治要素、不同类型生态用地的整治方向等理论问题，并对案例区的实践技术进行总结集成；在探索新时代生态用地整治的策略时，以浙江省与湖北省为研究案例，在实践调研的基础上，对这两种代表性的整治模式进行剖析，最后形成中国新时代生态用地整治的对策建议。

第二章　国内外土地综合整治的实践进展及态势

本章首先以德国、荷兰、俄罗斯、日本与韩国为例，考察国外土地整治的实践进展、阶段性特征及其发展态势，分析国际经验对中国新时代土地综合整治的启示；然后在梳理国内土地整治的发展历程、整治成就、创新特色的基础上，分析中国新时代土地综合整治中的“危”与“机”，明确中国土地综合整治中的短板；最后重点挖掘了“两山”理念中的生态用地整治思想。

一、国外土地综合整治的实践进展及发展态势

（一）几个发达国家土地整治的实践进展

国外土地整治在欧洲始于16世纪，其中德国、荷兰、比利时等国家较早开展了土地整治，在亚洲地区韩国、日本等国家的土地整治发展也较迅速（张扬，2018）。国外土地整治发展较为成熟，对土地整治的效益（Abubakari et al.，2016）、景观生态（Moyzeová et al.，2015）、土地复垦与生态重建（Hancock et al.，2006）等方面关注较多，积累了较为丰富的经验。下面主要介绍国外几个发达国家土地整治的实践进展（王伟娜，2018；吴海洋，2014），以期为国内土地综合整治提供借鉴。

1. 德国

德国是世界上进行土地整理最早的国家。早在1250年德国就有文书记载“地块合并”等土地整治方面的信息。1886年，巴伐利亚王国专门设立了有关

土地整理的法律和土地整理专门机构。1953 年，联邦德国颁布了第一部《土地整理法》，1976 年又进行了重新修订。在《土地整理法》中将土地整理定义为，“改善农业和林业经济中的生产条件和作业条件，促进农田基本建设和土地开发”；同时，对土地整理的八方面内容与长达 13～14 年（最长为 20 年）的土地整理四个程序步骤进行了专门规定，从法律上保证了土地整理内容的规范与程序的完备。20 世纪 70 年代德国对《土地整理法》进行修订以及颁布自然保护法草案时，开始把满足自然风景和生态发展列为重要内容（国土资源部，2018）。

德国的土地整治先后历经了四个阶段，各个阶段的整治对象与目标有明显差异，但土地整治的内容是逐渐丰富、综合。第一阶段：16—18 世纪的农地重点整治时期。这一时期的土地整治主要针对农用地分散、零碎等问题，实施小块并大块的整治措施，以改善农业生产经营条件。第二阶段：19 世纪初至 20 世纪 60 年代的农地整治内涵不断拓展时期。19 世纪 30 年代，德国的土地整治在继续强化农地整治、持续改善农业生产条件的基础上，开始在土地整治中推进土地储备和重新规划等工作；至 19 世纪中叶时，农地利用结构优化与农村土地产权调整等内容也被纳入土地整治的重点，农地整治的内涵不断深化丰富。第三阶段：20 世纪 70 年代至 20 世纪末的生态保护与乡村协同发展综合土地整治时期。70 年代，德国开始意识到生态保护的重要性，保护生态环境和促进农村发展成为土地整治的新任务，生态用地整治与乡镇如何通过土地整理来实施其发展计划等受到高度重视；90 年代后的土地整治又增加了自然保护和景观保护的内容，在进一步改善乡村生产条件，进行田块调整、村庄改造和基础设施建设的同时，着手规划并保护乡村的自然资源和人文景观。第四阶段：进入 21 世纪以来的土地大综合整治时期。这一时期，德国的土地整治不仅越来越注重生态环境保护，而且又将保护地方特色、保护传统文化等因素纳入土地整治的内涵和任务之中（叶兴庆 等，2019）。例如，在农地整治过程中，将农用地结构优化上的功能拓展到了“提升农业产业结构（降低细碎化程度和扩大农场规模），推进自然和环境保护工程的实施（按照欧盟 Natura 2000 和水框架指令），保障国家和地方性的基础设施工程建设（高速公路、铁路、农村道路和耕作区域的通达等），缩小城乡之间的差距，提供更好的居住环境、增加就业、教育、医疗服务，保护文化”等更多的公共服务功能。在土地整治项目规划、设计和实施等重点环节，综合推进动、植物的保护与生态用地的布局优化。

值得注意的是，第四阶段也是德国土地整治与生态修复技术不断创新的新时期。德国在反思一百多年来的“先污染后治理”历程的基础上，开始寻求建立起一个兼顾社会公平和环境友好的生态发展模式，重视土地整治与生态修复方面的技术创新。如在土壤治理技术方面，不同的污染程度采取不同的治理方法（陈文明 等，2018）。对于污染范围不大且地下水未受污染的情况，采取直接清挖后换土；对于污染范围大且对地下水也造成影响的情况，主要采取隔离封闭、永久抽排和地面净化处理；另外，也会运用微生物技术对有毒微生物进行降解，运用气相抽提技术将污染空气和新鲜空气进行相互提取，避免造成二次污染。一些地方政府也相继推出一系列基于技术创新的生态计划。如伊斯堡市的清洁空气计划（茹小斌 等，2019）、北威斯特法伦州环境与健康部的“环境与健康”计划（安国强，2018）。

德国的土地整理不仅重视公众参与，认为公众的积极参与和广泛支持是土地整理目标能够最终得以实现的关键；十分重视土地整治中的法制建设。例如，在土地整治中的景观生态保护方面，已经形成了以立法为依据，经济、技术相结合的景观生态保护体系（谭荣 等，2018）。立法上，先后制定的《土地整理法》《空间规划法》与《德国联邦自然保护和景观保存法》等将生态保护上升到国家战略层面；经济上，在土地整治中保护生态所产生的经费由国家进行补贴，并且采用生态指标的市场化进行补偿；在技术上，比较注重土壤的修复技术等多种技术相结合。

2. 荷兰

荷兰是一个地少人多、资源匮乏的国家，在 20 世纪初就开始了土地整治活动，是世界上土地整治特别是乡村土地整治最早的国家之一。可以说，荷兰的土地整治历史既是荷兰农业的发展史，也是荷兰的乡村发展史。

20 世纪初荷兰的农村土地整治主要是为了适应广大农村地区大规模的农业机械化生产，以提高农业生产力。1924 年，荷兰第一部对土地整理活动管理的法案颁布实施，1938 年，关于土地整理的第二部法案出台，1954 年，《土地整理条例》正式颁布。到了 20 世纪 60、70 年代早期，荷兰为了进一步适应现代农业发展需要，实施了土地整治合并计划，对乡村土地进行统一规划和建设，以调整农业产业结构、扩大农场经营规模、改善农田灌排条件、改善乡村住房交通等设施。70 年代后期，荷兰的土地整理主要作为政府进行农业结构调整和扩大农用地面积的一种手段，主要追求土地整理项目的“高经济回报率”，这种做法对传统乡村的土地景观造成了负面影响，引起了人们的关注。80 年代以后才将乡村景观规划纳入农村土地整治规划，其目的是处理好整治中农业、乡村景观、资源保护等关系，这期间，新的《荷兰土地整理条例》从国家层面的高度颁布实施，为土地整治的各项具体工作提供了比较完善的法律和制度框架（王伟娜，2018；吴海洋，2014）。

在土地整治制度方面，20 世纪 50 年代，荷兰政府就实行了《土地整理法》，明确了政府在乡村治理中的各种职责和乡村发展的各种策略。在之后的《空间规划法》中也对农村土地整治提出了更为详细的规定。1985 年颁布的《土地开发法》，在安排户外休闲娱乐、自然保护等用地方面提供更大的可能性。农业不再是主要目标，而是关注农业与景观规划、生态保护建设、乡村建设等多目标相结合（刘彦 等，2021）。

在土地整治模式上，荷兰乡村生态敏感性因受农业优先的冲击而受到重视，土地整理更加注重规划区域生态网络，提高乡村地区的生态环境。因此，提出国家生态网络的治理模式。其主要类型主要有三种：一是具有国家（国际）重要意义的核心区域，即必须维持的可持续生态系统；二是不受干扰的“自然发展区域”；三是连接的区域，即建立或加强的生态廊道。其目标是将现有的和新建的自然区域整合成为一个连贯一体的空间网络，通过增加自然区域的生物承载量和增加自然区域的连接性，促进“具有国家和国际意义的生态系统的可持续的保护、恢复和发展”（陈国南，1990）。

在土地整治技术方面，荷兰由于气候和地形的关系，水资源的整治一直是荷兰进行土地整治的重点。荷兰的“滞留、储存、排放”三步排放法因大多雨水被储存使得排水耗能明显降低，与此同时也可以有效缓解地势较高区的旱情和有效控制水体的富营养化。

在荷兰的土地整治中，政府主导下的法律、法规是一个重要基础和支撑，并且随着社会的发展，其法律、法规也在不断完善，在有关整治内容上也是由以前的单一目标向多目标发展。另外，面对全年降水较多和地势较为低洼等特点，对水资源的整治是重中之重。这给我们国家生态用地整治的启示就是需要根据不同的情况因地制宜，不能采取一刀切的形式，具体问题应具体分析。在土地整治时也应该进行具体规划，不仅要包括土地，还需要对农业、农村和农民进行综合整治。

可见，荷兰的农村土地整治目标已经从单纯的改善农业生产条件、提高农业生产效率，发展成为以乡村土地多重利用来实现乡村景观规划目标，保护了乡村地区生态环境和乡村景观，促进了对地域乡村文化和传统景观的保护、延续，兼顾了生产、生态、文化和景观的需要，实现了荷兰乡村地区的综合发展。

3．俄罗斯

俄罗斯的土地整治具有明显的技术延续性，发展至今已经成为非常完整和系统的土地整理体系。1789 年，为了适应当时的土地整理工作需求，还建立了世界上最早的土地整理大学，培养了一系列的土地整理人才。从 17 世纪最初的土地整理开始，土地整理是提高和保护耕地生产力的重要手段，苏联解体后，主要任务是调整土地关系、组织管理土地资源的合理利用，形成科学、最佳的土地利用结构，从而保障实现土地的再分配，综合改善农用地治理（王桂华，2017）。

在土地整治制度方面，俄罗斯在 1993 年颁布了《俄罗斯土地基本法》，对俄罗斯土地整理工作概念、任务、目的、内容、组织、程序等都做了明确的规定，其中就包括对政权机关做出了要求，要有组织地利用和保护土地，建立良好的生态环境和改善自然景观的措施体系（齐晓娟，2014）。

在土地生态整治模式上，土地整治主要是由联邦、联邦主体、行政区、市的土地资源与管理委员会所属的土地整理企业和组织以及依照法定程序取得资格的其他土地整理企业和个人负责（陈静 等，2015）。土地整理文据的编制人员对方案质量及所制定的措施的生态安全负责。另外，也成立了土地关系与土地整理学会等组织以及像中俄生态理事会民间合作等国际组织，共同推进整治工作的良好发展。

在土地整治技术上，俄罗斯不仅加强对土地资源的所有、使用和管理的监督，还对土地进行详细的生态分区，以确保土地合理利用，而且对农业用地分区管理，结合不同土壤分区特点，采用区域性分区农业生产制度。强化科技支撑，组建土壤—农业化学—土壤改良工作站和实验室，确定可控土壤参数的调节途径，以达到土壤的最佳状况（蔡珠莎，2018）。另外，建立土壤监测网，强化管理和责任追究，明确土地使用者对土壤环境状况承担经济和法律责任。

俄罗斯的土地整治对我国生态用地整治的一个最为有效的启示就是注重法律的支撑作用。《俄罗斯土地法》规定土地的所有人、土地的管理者、土地的使用者以及承租人都应该采用环保的工艺，不能因为个人的活动使得土壤的生态状况受到破坏；其他相关法律中也有对土壤污染防治做出的规定，包括《俄罗斯联邦环境保护法》《俄罗斯联邦大气保护法》《俄罗斯联邦水法》《俄罗斯居民卫生安全防疫法》及《俄罗斯联邦关于安全使用化学杀虫除莠剂和农业化学制品法》等。就目前来说，我国关于土地整治的相关法律还比较少，更不用说有关生态用地的整治方面，我国可以通过学习俄罗斯的立法经验加强我国生态用地整治的法律管理。

4. 日本

日本国土面积比较狭小，但是却取得了举世瞩目的经济发展结果，其土地整治功不可没。日本同德国一样，开展土地整治较早，第二次世界大战以后日本政府为了恢复经济发展，把土地整治作为实现农村政策的重要手段。日本的土地整治工作先后经历了“从耕地整治到农地整治再到村庄的整治以及国土的整治”，每个阶段的土地整治都有特定的整治目的，其整治内容不断丰富、深化。

日本在1899年就制定了《耕地整理法》，在1909年全面修订形成了土地整理的基本法律框架。20世纪50年代以前，土地整理主要集中在土地的分割合并、地类的调增、农业基础设施的完善等方面。50年代开始，日本农业出现萎缩现象，为此，日本在全国范围内开展了以“农业地域指定计划”为主要内容的农村土地整治工作，此项工作最初的重点是加强农田水利设施建设、开垦农田和扩大经营规模，以实现“增地、增粮”和保护优质耕地，并通过将优势耕地资源密集区和传统农业区实行“划线”保护和建设，以遏制工业化、城市化用地扩张；同时通过颁布实施《土地改良法》来推进上述计划的执行。70年代中期到90年代，针对经济快速增长和工业化、城市化加快所引起的农村劳动力迅速转移和城市用地迅速扩张趋势，日本农村土地整治工作重心转移到了对广大农村地区推行“山、水、田、林、路、村”的综合整治，积极推进城乡一体化发展，将村庄整治作为协调乡村城镇化和农业现代化用地矛盾的重要手段，重点是对村庄进行综合治理，强化乡村基础设施和公共服务设施建设，从而大力改善乡村生活环境，并结合地方特色积极打造“山川优美”的特色乡村，实现乡村可持续发展。90年代后期，随着日本农村土地整治工作的推进，70%的村庄都建有良好的基础设施、公共服务设施，乡村居民的生活条件得到了极大的改善，生活质量也明显提升。

可见，日本的农村土地整治在实施过程中随着其经济发展程度不同，每个阶段的目标也不同。日本在第二次世界大战后的50年间，农村土地整治由开始的“增地、增粮”目标转向重视其综合效应，努力通过实施农村土地整治推进乡村城镇化和城乡一体化进程，特别是通过实施村庄整治，加大村庄基础设施及公共服务设施建设，极大地改善了乡村居民的生产、生活条件，推动了乡村发展进程。

在土地整治过程中，日本特别重视土地整治制度建设，先后颁布了130多部土地整治管理方面的法律（袁中友 等，2012）。从宏观角度上看，其中涉及农村土地整治的法律主要有《土地改良法》和《农地法》等，涉及城市土地整治的法律主要有《土地区划整理法》以及《都市计画法》；从微观角度来看，也有像《土壤整治法》《土壤污染对策法》以及为环境治理所制定的《环境基本法》等，这些法律组成纵横交织的法律体系，为土地整治以及生态保护等方面提供了较为完善的保障基础。

从土地整治模式来看，日本崇尚生态型土地整治，主要是从生态技术、生态维护、生态教育等方面进行大力推行。日本开展的生态型土地整治不仅注重增加有效耕地面积，而且也更注重通过土地整治防治水土流失、土地荒漠化、盐碱化以及土地污染等问题。另外，从整体规划上，主要是通过生态水域规划，利用多元化的水系网络推动生物的多样性发展；从社会组织上，通过科研院校、相关企业、资本家等共同组成“联协会”形式来推动生物资源的开发和研究；从农民角度看，通过建立农民组织来动员农户参与到生态维护的过程中，从中增加农户的生态意识。

在土地整治技术上，日本比较注重水土重构技术、防护工程与景观生态再造技术、土地整理高效施工技术和生物—物化进行联合的工程技术等来促进生态高效农业的发展。同时日本也非常注重土地改良的标准体系的建立，制定了系列的土地改良设计标准（郧文聚，2011）。

5. 韩国

韩国从 20 世纪 60 年代开始大力推进国家的工业化和城市化，从 70 年代起，为了适应农村城市化发展需要，自 1971 年至 1980 年在全国范围内实施了以“新村运动”为主要形式的农村综合开发计划。韩国“新村运动”的主要内容是通过实施土地整理、村庄环境治理、建设农业基础设施与农村公共设施、开展“一村一品”运动、建立农村协作组织等，目的是将原来落后的农村和农村社会建设成为崭新的现代化农村和农村社会。

韩国的“新村运动”主要包括基础建设阶段、扩散阶段、充实与提高阶段。其中，基础建设阶段、扩散阶段主要是在微观尺度上对乡村进行具体的土地整理、土地利用规划设计，系统地建设乡村基础设施与公共服务设施，主要是由政府直接投资兴建农业基础设施与农村公共设施，进行乡村土地整理和村庄环境改造，改善乡村居民聚居环境，从而为“新村运动”后续工作奠定了基础，也是“新村运动”能够取得成功的关键所在。在充实与提高阶段主要是进一步拓展乡村文化建设与发展，该阶段不仅仅是满足乡村居民现代化的生活和公共服务设施的需要，还要营造出具有传统的地方特色的乡村景观，例如，在有些地方建观光农业开发区和农业特色产品开发区，将乡村打造成为融观光、休闲、度假等多功能为一体的新型现代化农村。

韩国基于农村综合开发所开展的“新村运动”有效地改善了乡村居民生活环境和生活条件，促进了农村社会经济发展，极大地改变了乡村面貌，乡村的功能也发生了转变，由传统的以农业为主的生产型乡村转变为具有生产、景观、观光、休闲等多功能的新型乡村，实现了乡村与城市共存、乡村与城市同步发展。自 20 世纪 90 年代以来，“新村运动”已成为韩国社会转型的一般模式，“新村运动”概念已经泛化到城市里，成为一种落后社区改造建设的理念。

（二）国外土地整治工作的阶段性特征

通过以上分析发现，在工业化与城市化的过程中，为进一步提升土地利用的产能与效率，欧美等发达国家围绕农用地与生态用地的整治工作，可以大致分为三个阶段，各个时期的工作目标、内容与整治效果有差异，如表 2-1 所示。

表 2-1　国外生态用地整治进展阶段

整治阶段	农地整治阶段	土地综合整治阶段	土地生态整治阶段
推进时间	16 世纪中叶至 19 世纪末	20 世纪初至 50 年代	20 世纪中后期
整治内容	土地平整、地块合并	土地权属的整理、水利、道路与土地平整	土地综合整治：生态用地整治
整治效果	改善农业生产条件，增产、增效	经营规模扩大、成本降低，粮食增产、增收	改善了农地利用的生态条件，促进区域生态好转
存在问题	未能解决规模经营方面的问题	未能解决生态用地的整治与区域持续发展的问题	解决了前两个阶段土地整治过程中留下的问题

1. 基于地力提升的农地整治阶段

第一阶段是基于地力提升的农地整治阶段。在 16 世纪中叶至 19 世纪末，土地整治以有组织、有规则地归并土地权属，改善农业生产条件为主要目的，主要内容是合并分散田块、调整田间道路，以满足机械化耕作要求。在这一阶段，很多农场主（农户家庭）在自己的土地上开展了土地平整、地块合并改造等整治工作，以达到提高地力、改善农业生产条件的目的，小区域内的增产、增效较好；当然，这种整治工作一般仅限于农户内部的土地上，且以优质农地的整治工作为主，其核心的技术主要集中在农地的整治范围内，也就不能解决规模经营方面的问题。

2. 基于城市建设的土地综合整治阶段

第二阶段是基于城市建设的土地综合整治阶段。在20世纪初至50年代，随着第二次世界大战后欧洲复兴计划的实施，世界范围内工业化、城市化进程加快，建设用地与城市用地需求急速膨胀。这一时期土地整治主要围绕城市建设和大型基础建设的用地需求来展开。与此同时，在广大乡村地区，受城市化影响，大量农业劳动力弃农务工，原有人地关系出现重大调整，农场主（农户家庭）之间的土地交易十分活跃，以整合农户土地所有权、经营权为核心的土地权属的整理取得显著成效，农场经营的平均规模显著扩大，农地生产成本下降，土地规模经营效益得到发挥。当然，很多农户在规模扩大的同时，也开展了水利、道路与土地平整的整治工作，但是，这种以权属关系调整为核心的整治工作还是以粮食增产、增收为主要目标，涉及生态用地的整治不多，并没有解决生态用地的整治与区域持续发展的问题。

3. 基于区域持续发展的土地生态整治阶段

第三阶段是基于区域持续发展的土地生态整治阶段。20世纪60年代以来，土地整治的重点转变为促进城乡地区经济社会均衡发展，以城乡居民生活条件等值化为根本原则，促进村庄革新和农村发展，注重自然环境与景观保护，改善人们的生存环境。土地整治在这一阶段才真正在世界范围内成为人们利用与保护土地资源的重要途径，呈现出综合性、多目标、多收益的特点。值得注意的是，这一阶段，世界各地先后出现了农地边际化问题，边际土地的闲置不仅事关森林火灾、生物多样性等问题，而且对区域的生态环境与可持续发展能力产生重要影响。因此，基于更大视角的生态用地整治工作开始受到重视，土地整治工作进入以生态用地整治为重点的新领域，基于流域视角与系统性的生态用地整治理论与技术在德国等国家得到迅速发展。从生态用地整治的综合效益来看，这些国家的生态用地整治工作不仅改善了农地利用的生态条件，而且对区域的生态好转产生了持续支撑。

（三）国外土地整治工作的发展态势

随着国家政策的调整、社会经济的不断发展，国外土地整治内容和形式不断调整和丰富，并逐渐形成了完整的体系，从最初的农用地整治发展到土地综合整治，再到土地生态整治，其内容和形式逐渐趋于综合和完善。

近年来，国外土地整治工作十分重视其生态意义和效果，相关研究对土地整治的生态环境效应也比较关注，强调土地整治在改善生产条件、提高农业产量的同时对景观格局的改善（Chartin et al.，2013）、生物多样性的保护（Di et al.，2010）、水土保持与乡村协调发展（范丽娟，2019）等，重点从政策制定、规划设计、生态效益、景观恢复技术等方面进行研究。例如，荷兰在土地整治工作中将经济、生态和社会效益并重考虑；德国土地整理工作的内容从最初单纯地追求经济效益转变到经济、社会和环境多重效益并行发展，增加了保护农村景观环境、改善农民生活居住条件等内容（张超 等，2019）。从整治技术来看，德国在这方面拥有领先地位，包括运用计算机数据处理技术建立土地整治信息系统，利用 GIS 技术与土地整治规划设计相结合等（员学锋 等，2015）；同时，国外土地整治技术也十分重视与可持续发展相结合。总的来看，近年来国外土地生态整治态势越来越明显，且已基本形成相关理论体系与技术体系。

（四）国外土地整治工作对中国土地综合整治的启示

与国外土地整治工作的进展相比，我国土地整治尽管历史悠久，但规模性的土地整治工作起步于 20 世纪 90 年代。20 多年的整治工作，在增加耕地面积、改善农业生产条件、提高土地利用效率等方面取得了显著成效，为中国的粮食安全发挥了重要作用。在农用地微观上的土地平整及路、水等要素的整治上，积累了较为成熟的技术，建立起了较为规范的机制与体制，农地流转在土地整治与规模利用过程中进展良好，为我国新常态下的土地整治工作取得新的突破奠定了基础。但总的来看，我国土地整治工作还处在国外的第一、二阶段，成熟的土地整治技术还集中在“点”状的小区域内，基于生态文明与持续发展的生态用地整治技术还处在探索与发展之中。而德国、荷兰、俄罗斯、日本、韩国等国在土地整治制度、理论、技术等方面经过多年实践，已经形成了较为完善的体系，其经验对推动我国土地整治的发展具有积极的借鉴意义。

1. 土地整治对象从农地扩展到生态用地

从国外土地整治走过的历程来看，三个代表性阶段的土地整治对象、内容与目标差别较大，总的发展趋势是土地整治的对象从单纯的农地整治走向土地的综合整治，生态用地整治作为乡村发展与生态文明建设的重要抓手已成为土地综合整治中的重要内容。

从我国的实际现状来看，土地整治工作已经从单纯的农用土地整治发展到了综合性的土地整治，土地整治的对象、内涵均在不断深化。近年来，越来越多的土地整治工作者意识到了土地整治生态项目的重要性，并在实践工作中积极探索“土地整治生态项目”的创新与实践。但总的来看，我国目前国土综合整治的相关理论及其实践运作机制还没有正式将生态用地纳入国土整治的范畴之中，国外将生态用地整治作为土地综合整治的关键内容，对我国新时代的国土整治工作有较大借鉴意义。

2. 土地整治目标从增地、增粮向社会经济生态目标并重转变

从土地整治的目标来看，欧洲国家土地整治的目标从“农地增产、增收”向“促进区域经济发展、注重土地整治与生态环境相协调”转变（乔庆伟 等，2012），区域可持续发展成为土地整治的综合性目标。如德国土地整治工作主要源于农庄合并、河流改造等工作（杨相和，2002）；直至 20 世纪初，土地整治工作开始进行结构优化，注重公共基础设施建设；目前德国更加注重生态环境保护，十分重视土地整治中的生态性。总的来看，欧洲国家的土地整治工作十分重视兼顾经济、社会和环境的综合效益（范金梅 等，2005）。

现阶段我国主要社会矛盾已经发生了重大变化。在新的时代，如何以土地整治为重要抓手，为我国的乡村振兴与生态文明建设助力，需要我们升级土地整治理念，从更高视角上提升土地整治的目标，不断丰富土地整治的服务内容，为我国乡村振兴战略的实施提供高水平的土地综合整治支持。

3. 土地整治要素从“山水田林路”转向区域全要素协调整治

从土地整治的核心要素来看，国外早期的土地整治工作主要在农场范围以内，整治的重点集中在“山、水、田、林、路”等核心要素上，对农场之外的其他要素，如区域之间的生态联系等也关注不多。但是，20 世纪 60 年代以后，许多欧洲国家在土地整治过程中，开始重视项目区与项目区之间的生态联系，强调项目区内的“山、水、田、林、路”等核心要素与项目区外乡村生态环境的融入问题。如荷兰在土地整治工作过程中十分重视区域上水资源的平衡、濒危物种栖息地保护等内容。近年来，不少欧洲学者提倡以村为单元进行面上的土地综合整治，突出区域全要素的协调，并强调乡村景观与特色文化传承的重要性。如俄罗斯目前在土地整治工作中十分强调保护现有景观，并鼓励结合乡村特色资源创造新景观（郝建新 等，2011）。

从我国土地整治的现状来看，我国的土地整治工作还是以单个项目的形式来开展的，在空间上呈现“点”状布局特征，点内的要素之间关系较为协调，但点与点之间、点与地方其他要素之间的联系，有时存在较大冲突；在项目区内工程措施力度较大，对地域性的景观与特色文化建筑等保护不够。总的来

看，以乡村为单元的面上土地综合整治在我国亟待加强，学习国外土地整治过程中对乡村景观与文化传承等方面的经验，对我国当前的乡村振兴与特色村镇的建设具有重要意义。

4. 土地整治过程重视公众参与，突出乡村用地方的主体地位

从世界土地整治工作的现状来看，土地整治先进国家均十分重视公众的参与，认为公众的积极参与和广泛支持是土地整治目标能最终得以实现的关键，并在相关法律中进行规定（吴海洋，2014）。例如，德国《土地整理法》明确规定了公众参与土地整治的组织设置、参与规模、形式与步骤，以此来保证公众参与的合理性和合法性，使土地整治活动真正达到公开、公平、公正的要求。又如，日本土地整治制定了周密的工作程序，并严格执行，保证公众的参与（袁中友 等，2012）。在进行土地整治前，由土地整治区域中各村的村民代表和指导人员组成的委员会对规划方案、土地权属和地块调整方案等进行讨论和表决，经委员会 2/3 以上的成员同意后，土地整治工程才开始实施。个人拟参加土地改良，要提出申请，在获得同一地区 2/3 以上参加人同意后方可获得参加土地改良的资格（张凤荣 等，2009）。所以从某种程度上说，日本的土地整治不仅是政府行为，而且是民众的一种自觉行为，具有广泛的群众基础，避免了项目准备和实施的阻力。值得注意的是，我国有些土地整治项目（尤其是低丘岗地的土地整治项目）在验收之后，出现老百姓不愿意接手，甚至出现撂荒的问题，农村土地整治在有的地方面临“政府有热情、部门有压力、农民有意见”的窘境，土地整治的效果受到质疑。造成这种现象的主要原因是在土地整治过程中忽视了用地方（企业或者个人）的主体地位，用地方的用地要求不能在土地整治项目中得以体现。因此，学习国外重视公众参与、突出用地方的主体地位，对我国新时代的土地整治工作具有重要意义。

5. 重视生态环境的保护和建设，以土地整治促进生态农业的发展

土地整治是对土地资源及其利用方式的再组织和再优化过程，是一项复杂的系统工程，其整理过程改变了地表生态系统，必然对生态环境造成影响。日本开展的生态型土地整治不仅注重增加有效耕地面积，而且更注重通过土地整治防治水土流失、土地荒漠化、土地盐碱化、土地污染、土地贫瘠化、土地损毁等问题。在区域土地整理规划编制过程中，既重视路、沟、渠工程布局，又重视田、村布局；注重项目区水土重构技术、防护工程与景观生态再造技术、土地整理高效施工技术和生物—理化联合改良工程技术，重视农田防护、水土保持与景观空间单元组合等景观生态效应的发挥，通过土地整治有力地促进了

日本生态高效农业的发展（郧文聚，2011）。我国很多地区，尤其是西部和农村，自然生态环境较为脆弱，若在土地开发整治利用过程中，人们不能意识到保护生态环境的重要性，有意无意地破坏自然生态，那么我国生态环境前景堪忧。应借鉴日本的做法，在开展土地整治时，既注重增加耕地数量，更注重提高耕地质量，重视中低产田改造中的生态环境保护，加强农田水利工程建设中的生态环境建设，大力营造防风林、生态林，保护自然环境潜力和防止土壤退化。通过土地整治，发展生态农业，实现土地整治真正意义上的经济、社会、生态效益的最大化，实现土地可持续利用，尽可能保证社会经济发展与生态环境关系的协调一致。

6. 高度重视土地权属调整工作

权属调整是土地整治的关键环节和重要内容，也是土地整治过程中最复杂、最直接影响参与者利益的中心工作。而我国土地整治的工程化特征显著，长期忽视或者搁置土地权属关系的调整。这种过于重视农村土地整治工程建设属性而忽视其社会治理属性的做法，已经使得农村土地整治偏离了本源，并在一定程度上抵消了其发挥的正面效应（刘新卫 等，2017）。从欧洲国家的实践来看，发达国家特别重视土地整治过程中土地权属的调整，并且在权属调整方面积累了丰富的经验。土地整治前要进行测量、确权和估价等工作，整理形成新的权属关系后，要及时进行变更登记。权属调整与分配以估价为基础，遵循市场原则操作。如在德国，一个土地整治项目可能前后要花费 12～15 年的时间，调整和明确产权归属及他项权利是贯穿土地整治全过程的关键工作（吴海洋，2014）。

7. 土地整治需要有完善的法律作为制度保障

为实现土地整治目标，国外许多国家均制定了土地整治的专门法律、法规，将土地整治活动纳入法制化轨道，并适应形势需要，不断予以完善。例如，德国于 1953 年颁布了《土地整理法》，并进行了多次修订（霍原，2004），德国各州在此基础上，进行修订和完善，最终形成关于土地整理的法律体系。德国的《土地整理法》明确规定了土地整治的目的、任务和方法、组织机构及其职能、参与者的权利与义务、土地整治费用、土地估价、权属调整及成果验收等内容。德国的土地整治是在该法律的指导下有序开展工作。作为最早开展土地整治项目国家之一的荷兰，颁布的《荷兰土地整理条例》对荷兰在土地整治工作上进行合理的指导与规范（李炼军，2006）。

二、中国土地综合整治的实践探索与创新

（一）从土地整理到土地综合整治的发展进程

在国内，土地整治不断根据社会经济发展情况进行调整与完善，总体上，大体经历了四个阶段：土地整理启蒙阶段、土地整理全面发展阶段、全域土地整治阶段、生态化土地整治阶段。

1. 土地整理启蒙阶段（2000 年以前）

我国最早的土地整理活动可追溯到殷商时期的井田制，中华人民共和国成立初期，土地整理的目标是增加耕地面积和农作物产量，并重新分配土地，实现耕者有其田（高佳莉，2019）。20 世纪 80 年代，随着市场概念的逐步引入，农村的耕地被大量转化为建设用地和果园、鱼塘等经济效益更好的其他生产用地。据资料显示，“六五”期间，我国耕地年均减少量达到 48.7 万 hm^2，1985 年，耕地减少量达到 100 万 hm^2，加剧了我国人多地少的矛盾（夏方舟，2018）。同时，家庭联产承包责任制逐步推广，土地利用结构与方式产生了巨大变化。为了保持耕地面积的相对稳定，1987 年 7 月，全国首次土地开发典型经验交流会在辽宁本溪召开。1988 年 2 月，德国汉斯·赛德尔基金会在山东省青州市南张楼村启动了我国土地整治领域第一个国际合作项目——“土地整理与村庄革新”实验（贾文涛，2018）。1997 年，国务院颁布《关于进一步加强土地管理 切实保护耕地的通知》，明确要求“积极推进土地整理，搞好土地建设”（冷泽华 等，2018）。1998 年国家土地管理局土地整理中心成立，标志着中国现代意义上的土地整理工作开始起步，1999 年 1 月 1 日起施行的新修订的《土地管理法》在法律层面首次提出“国家鼓励土地整理”。总体上，这一时期的土地整理主要目标是增加耕地面积，补充耕地数量，内容以未利用地开发、农田整治和基础设施建设为主。通过积极探索与实践，这一阶段全国土地开发整理工作取得明显成效，主要表现在：制定并实施了土地整理新增耕地指标折抵等配套政策，逐步建立了土地开发整理项目管理制度，初步形成了土地开发整理的投入机制，探索推进了土地开发整理产业化，开展了资源调查评价和技术标准体系建设工作，建立了专门机构和专业队伍等。

2. 土地整理全面发展阶段（2001—2010 年）

“十五”和“十一五”期间是中国土地整理发展较快的阶段，2001 年，国

土资源部会同有关部门组织编制了第一轮土地整治专项规划——《全国土地开发整理规划（2001—2010年）》，从而有效统筹全国土地整理项目，实现保护耕地的目标。该规划实施以来，基本农田建设持续加强，土地整理项目安排向基本农田倾斜（郧宛琪 等，2016）。自2001年开始，国土资源部下达了首批国家投资土地整理项目，“十五”期间，我国累计安排八批国家投资项目，共计2259个，基本实现了田、水、路、林、村的综合整治（樊闽，2006）。2004年，国务院下发的《关于深化改革严格土地管理的决定》强调“鼓励农村建设用地整理，城镇建设用地增加要与农村建设用地减少相挂钩”。2006年，全国各地出现了城乡建设用地增减挂钩试点、工矿废弃地复垦利用试点、城镇低效用地再开发试点等建设用地整治探索。2008年10月，党的十七届三中全会《中共中央关于推进农村改革发展若干重大问题的决定》提出“大规模实施土地整治，搞好规划、统筹安排、连片推进，加快中低产田改造，从而提高耕地质量，增加高产稳产农田比重”，这是党的全会首次对土地整治工作进行总体部署（贾文涛，2018），从2009年开始，土地整理、复垦、开发和城乡建设用地增减挂钩统称为土地整治（刘新卫 等，2012）。总体上，这一阶段是我国土地整治全面发展的阶段，主要目标是在增加耕地面积的基础上，改善农业基础设施，以提高耕地质量，建设高标准基本农田。

3. 全域土地整治阶段（2011—2015年）

随着工业化、城镇化和农业现代化加快推进，用地供求矛盾更加突出，保护耕地和节约用地任务艰巨，同时，用地粗放浪费现象普遍存在。在此背景下，2012年，国务院颁布实施了《全国土地整治规划（2011—2015年）》，首次提出“全域”土地整治概念，整治范围上由相对孤立、分散的土地开发整理向集中连片的综合整治转变，由农村延伸到城镇，整治内涵上由增加耕地数量为主向数量管护、质量管理、生态管护三位一体综合管理转变，整治目标上由单纯补充耕地向建设性保护耕地与推进新农村建设与城乡统筹发展相结合转变，整治内容上包括农用地整治、农村建设用地整治、城镇工矿建设用地整治、未利用地开发和土地复垦等。“全域”土地整治概念的提出更具备系统性、战略性与综合性，以服务国家顶层战略为导向，已然成为建设社会主义新农村，统筹城乡发展和生态文明建设的重要平台（夏方舟，2018）。2015年5月，中共中央、国务院印发《关于加快推进生态文明建设的意见》，要求“加快推进国土综合整治”。可见，近些年来国土综合整治成为国家重点推进的对象。

4. 生态化土地整治阶段（2016 年至今）

随着生态文明建设的步伐逐步加快，绿色化、生态化的国土综合整治成为新时期土地整治的发展趋势，也是不断推进山水林田湖草生命共同体生态保护和修复的重要方向。2016 年，中央一号文件提出，要继续大力实施农村土地整治，从数量、质量和生态三个方面推进耕地保护，从山水林田湖五个方面综合进行生态修复工程和保护措施；《全国土地整治规划（2016—2020 年）》也明确指出：“按照生态文明建设要求，实施山水林田湖草综合整治，加强生态环境保护和修复，大力建设生态国土”（国土资源部 等，2017）。2018 年，国土资源部发布的《土地整治术语》明确国土综合整治须是统筹山水林田湖草系统治理、建设美丽生态国土的总平台。随着新时代社会矛盾的转变，生态文明建设步伐的加快，生态化、绿色化土地整治作为生态文明建设的平台成为发展趋势。

（二）中国土地整治的成就与创新特色

1. 土地整治的成就

经过多年的不懈努力，我国土地整治工作取得了巨大成就，主要体现在以下几个方面。

（1）促进了耕地保护，提升了耕地的质量

建成了一批高标准基本农田，农业基础设施配套建设不断完善，改善了生产条件，从而保障了国家粮食安全。据第一、第二轮《全国土地整治规划》统计，2001—2015 年，通过土地整治，我国新增耕地面积 6909 万亩，建成高标准基本农田 6.03 亿亩，保证了全国耕地数量的基本稳定；“十一五”时期，新修建排灌沟渠 493 万 km，建成田间道路 460 万 km，经整理的耕地平均亩产提高 10%～20%，农业生产条件明显得到改善，促进了新增千亿斤粮食工程的实施，保障了粮食连年增产，“十二五”时期，经整治后的耕地质量平均提高 1 个等级、亩产平均提高 10%～20%，提高了耕地生产能力，新增粮食产能 373.68 亿 kg。

（2）优化了土地利用结构布局，促进了城乡统筹发展，提高了土地综合承载力

2006 年，全国各地开始建设用地整治探索，先后实施了建设用地增减挂钩试点、工矿废弃地复垦利用试点、城镇低效用地再开发试点工作（郧宛琪 等，2016）；2012 年，《全国土地整治规划（2011—2015 年）》提出“全域”土

地整治，对农村建设用地、城镇工矿用地整治和土地复垦工作做了进一步明确规定。通过城乡建设用地增减挂钩、工矿废弃地复垦利用、城镇低效地再开发等工作，使得“十一五”期间复垦还耕面积达到113.7万亩，“十二五”期间，整理农村闲置、散乱、粗放建设用地233.7万亩，复垦历史遗留工矿废弃地936.6万亩，改造开发城镇低效用地150万亩，从而盘活了城乡闲置低效用地，优化了城乡用地结构和布局，增加了耕地面积，促进了节约集约用地，为新型城镇化和县域经济发展拓展了空间。

（3）促进了农民增收与农业增效，农村脱贫致富成效显著

通过土地整治，一方面，改善了农业生产条件，促进农业规模化、产业化经营，降低农业生产成本，增加农民务农收入，“十一五”期间，通过土地整治农民人均收入年均增加700余元；另一方面，通过土地整治项目，可以增加农民的务工收入，据统计，“十一五”期间，农民参加土地整治工程的劳务所得全国合计超过150亿元，“十二五”期间，各地土地整治累计投入资金5500多亿元，农民参加土地整治劳务所得合计超过1100亿元，惠及1.01亿农民，项目区农民人均新增年收入900多元。同时，土地整治项目和资金一般向贫困地区倾斜，部分省份还专门制定了土地整治促进扶贫专项规划，例如：青海省制定《青海省土地整治扶贫专项规划（2016—2019年）》，甘肃省制定《甘肃省两州一县及18个深度贫困县脱贫攻坚土地整治规划（2018—2020年）》（郭庆，2019），土地整治资金直接投入农村，特别是偏远、贫困的农村地区，可直接惠及农民，改善农村生产、生活条件，推动老、少、边、穷地区农村脱贫致富。

（4）改善了生态环境，促进了生态文明建设

通过工矿废弃地复垦，改善了矿山生态环境，“十一五”时期，全国复垦了15%的工矿废弃地，“十二五”期间土地复垦率提高了12.5%；通过推进农民住宅向镇区和中心村集中、工业向园区集中、土地向适度规模经营集中，减少了生活污水和生活垃圾的排放，增强了工业废水、废气、废渣的处理能力；通过土地整治工程，采取工程、生物措施，控制了土地沙化、盐碱化，减轻了水土流失，提高了土地生态涵养能力，“十二五”期间，种植农田生态防护林1.1亿株，采取工程、生物等措施，开展沙化、盐碱化和石漠化等土地治理，治理水土流失面积413万亩。

（5）土地整治制度体系和监管体系逐步完善，整治技术逐步成熟，机构逐步健全，为土地整治实际工作奠定了坚实的基础

为加强土地整治规范和标准，我国先后颁布了《土地开发整理规划编制规

程》《土地开发整理项目规划设计规范》《土地开发整理工程建设标准》等技术规范，国土资源部先后出台土地开发整治项目管理办法、资金管理办法、项目实施管理办法、项目竣工验收办法等几十个文件，逐步构建起土地整治基本政策制度体系。在土地整治监管体系方面，我国依托土地利用“一张图”工程建立了土地整治监管平台，全面加强耕地数量、质量、权属管理和动态监测。同时，加强土地整治机构队伍建设，基本建立了国家—省—市—县四级土地整治机构，为土地整治事业发展提供了强有力的支撑。

2. 土地整治的中国特色

(1) 以解决国家粮食安全问题为重点

我国人多地少，为保证粮食供应、社会稳定，需要保证一定的耕地数量来稳定粮食产量，早期的土地整治就以补充耕地数量为目标，从而开展土地开发整理，以确保粮食安全。之后，通过建设高标准基本农田来提高耕地质量，其实质是改善耕地生产条件和农田生态环境，从而提高粮食生产能力，保障国家粮食安全。紧接着，为缓解城市扩张占用耕地资源的现象，在全国实施城乡建设用地增减挂钩、工矿废弃地复垦等措施，也是在保证耕地动态平衡的基础上增加建设用地指标，从间接层面也保护了耕地资源，最终的目标还是基于粮食安全的考虑。当前生态文明建设背景下，生态化土地整治逐渐被关注，土地整治的目标是耕地数量、质量、生态三位一体，其实质是在保证耕地生产能力的同时更加注重生态环境保护，根本上还是以粮食安全为本位考虑。总体上来看，贯穿我国土地整治工作前后的一个统一的目标就是保护国家粮食安全。

(2) 以自上而下的政府主导实施模式为主导

政府主导即从规划、设计到项目融资、实施再到项目完成、验收都由地方政府的国土部门完成，村集体或农民在项目的可行性、项目的完成后的收益分成决策中处于被动地位（杨建云，2014）。政府主导模式对土地整治项目的实施程序一般如下：由国土、水利、农业等部门工作人员及专家到项目区调查形成踏勘报告；以论证会形式确定入库项目；地方政府国土部门负责设计单位、施工单位、监理单位的招投标工作，中标单位进行规划设计、正式施工建设；省国土部门组织相关专家对项目进行最终验收（朱欣 等，2015）。地方政府主导土地整治且具有较高积极性，其背后的原因是高额潜在利润的吸引，特别是通过建设用地整治复垦为耕地获得的指标可以产生较大经济效益，而这样的高利润是地方财政的主要收入来源。

（三）中国新时代土地综合整治中的“危”与“机”

1. 新时代土地综合整治中的“危”

（1）面临的生态环境问题复杂严峻，生态保护压力日益增大

土地整治中面临的土地退化问题包括水土流失、沙漠化、次生盐渍化、土地污染、土地损毁；土地整治中面临的“农村空心化”严重，特别是丘陵山区出现耕地大面积撂荒，即使通过土地整治，改善了耕地条件，但却出现无人耕种的局面；同时，土地整治的耕地质量偏低，重视数量的提升而忽视质量的提高，往往使得农田破碎化严重、景观均质化明显、生物多样性遭到破坏、生态管护水平低等一系列的问题（李朋瑶 等，2020）。这些生态环境问题是未来土地综合整治中依然面临的问题，土地综合整治必须转型发展，并逐步推进山水林田湖草生命共同体统一整治和管护。

（2）传统土地整治局限于土地利用层面的结构优化与功能提升，忽略了土地整治的社会文化功能和生态服务价值

传统意义上的土地整治聚焦于两个目标，一是耕地数量与质量的提升以保障粮食安全，二是建设用地空间和结构的优化以保障经济建设（孔雪松 等，2019）。在具体的工作与实践中，部分地区片面追求高标准和高品质设计，导致田间的路、沟、渠大量铺筑水泥，土地整治呈现混凝土化（陈百明 等，2011）。同时，从项目本身出发，缺乏对山水林田湖草生命共同体系统思维和协同思考，致使蕴含文化、地方特色的自然风貌和建筑民居以及具有调蓄功能的坑塘遭到破坏（王子墨，2015）。总体上来看，当前土地整治过程中并未综合权衡土地供给、调节、文化、支持等服务功能，往往只关注农地的生产功能，忽视土地生态系统调节功能和人文理念。新时期我国土地整治需要重塑其社会功能和生态服务价值，以保障粮食安全与生态安全为底线，以协调城乡人地关系和改善人居环境为重心，优化乡村地域功能与结构，为实现农村可持续发展提供国土资源保障。

（3）土地整治以项目为导向，往往是单要素的整治，未考虑整个生态系统进行山水林田湖草系统治理

当前我国土地整治工作实践一般以项目、工程、任务为导向，以耕地保护为目标，整治过程中以农地为主要对象，未从综合角度考虑山水林田湖草的系统治理，导致土地整治“硬化、混凝土化”特别严重，生物栖息地遭到破坏、生物多样性减少、景观多样性减少等问题。同时，整治项目未涵盖全域土地范

围，且项目分属不同部门管理，农地、道路、水域、林地整治，不同部分管理不同项目，导致整治过程散乱，系统性不强，综合考虑也不够。

（4）土地整治工作已出现一定的生态意识，但生态化、绿色化土地整治的理论基础仍然薄弱，生态用地整治的理论基础更为缺乏

我国土地整治经历了从土地整理到全域土地整治，再到土地生态整治，我国学者对土地整治的内涵、整治程序、整治模式、规划与设计、资金管理与评价等方面进行了一系列的探索，理论框架基本形成。但在生态文明建设和乡村振兴的新时代，如何让土地整治满足生态文明的新要求，如何有效助力乡村振兴的实施，这些问题都是新时代迫切需要解决的问题。新时代，在生态文明建设和乡村振兴的大背景下，完善山水林田湖草系统整治的理论方法、构建土地生态整治和生态用地整治从理论到实践的新体系显得非常有必要。

（5）生态化、绿色化土地整治技术体系严重滞后于实践应用，生态用地整治技术体系更为缺乏

与发达国家相比，我国至今尚未形成一套系统科学的土地生态整治技术体系，土地生态整治和景观设计等方面的研究尚处于跟踪模仿阶段，土地生态整治的管理、施工等方面的技术积累仍然不够。由于土地生态整治的技术体系不完善，导致土地整治在实施过程中出现了种种不协调的现象，诸如农村居民点废弃、乡土景观风貌受损、生态功能退化、环境污染等（张川 等，2015）

2. 新时代土地综合整治中的“机”

（1）乡村振兴战略的实施对土地综合整治提出了新要求与新任务，为土地综合整治的转型与创新提供了驱动力

2017 年，习近平总书记在党的十九大报告中提出乡村振兴战略，要坚持农业农村优先发展，按照产业兴旺、生态宜居、乡风文明、治理有效、生活富裕的总要求建立健全城乡融合发展体制机制和政策体系，加快推进农业农村现代化（孔雪松 等，2019）。随着乡村振兴战略的实施，给新时代土地综合整治带来更多的机遇。一是土地综合整治在农村事业发展中的价值将进一步凸显，土地综合整治是一项惠农工程项目，其目的在于改善农村生产和生活条件，这与乡村振兴战略目标和要求一致，并为实现乡村振兴提供有利的支撑；二是实践成效使得农民广泛认同并大力支持土地整治工作，这为乡村振兴战略背景下开展更深度的土地综合整治奠定了基础（刘世军，2020）。但是，乡村振兴战略的总体要求、指导思想、基本原则和目标任务，与土地整治最初的设计目标和规范要求还存在一定差异，如何调整差异、修订目标就成为新时期农村土地

综合整治将面临的挑战、存在的问题。

（2）新时代的生态文明建设为土地综合整治生态转型提供了原动力

党的十七大报告首次提出生态文明的概念，党的十七届五中全会强调提高生态文明水平，2012年党的十八大报告则提出大力推进生态文明建设，努力建设美丽中国；2015年5月，国务院发布的《关于加快推进生态文明建设的意见》要求进一步树立“绿水青山就是金山银山”“山水林田湖”生命共同体等理念；2015年10月，党的十八届五中全会将“增强生态文明建设”首度写入国家五年规划（王军 等，2017）。近些年，从中央到地方，生态文明建设越来越受到重视，逐渐成为时代发展的主旋律，在这一背景下，土地整治成为生态文明建设的基础平台，因此，土地整治的生态导向越来越受到关注。

（3）“山水林田湖草”系统治理，为土地综合整治转型指明了新方向

党的十九大报告提出，新时代中国特色社会主义基本方略之一就是坚持人与自然和谐发展，土地综合整治就是落实山水林田湖草系统治理的重要抓手。当前国家实施了一系列的山水林田湖草生态保护修复工程，例如，在赣州市进行山水林田湖草生态保护修复工程的试点工程，重点实施生态系统与生物多样性保护、流域水环境保护与整治、矿山环境修复、水土流失治理、土地整治与土壤改良五大系统性工程，完成“从山岭到河湖”的系统修复、整体保护和综合治理。这就要求土地综合整治对山水林田湖草进行统一整治修复，筑牢生态安全屏障（廖小斌，2019）。随着“山水林田湖草”系统治理项目的试点与普遍实施，对土地综合整治也提出了更多的要求，为新时期生态用地整治提供了机遇。

（4）新时代我国社会矛盾发生了变化，这为土地综合整治，特别是土地生态整治提供了新契机

党的十九大报告明确指出，我国社会主要矛盾已经转化为人民日益增长的美好生活需要和不平衡不充分发展之间的矛盾，新时代人们对美好生态环境的需求更加旺盛。如果土地整治活动遵循过往模式：“混凝土化”严重、山水林田湖草系统治理不足、生物多样性破坏严重，必然导致生态系统进一步恶化，脆弱性进一步加剧，从而导致人居环境不能满足人们的需要，这与当前社会主要矛盾背道而驰。社会主要矛盾的变化体现了当前人们的物质生活已得到充分满足，然而生态环境需求还不能得到满足，因此，这一转变为土地生态整治提供了契机。

（5）“两山”理念的提出为土地综合整治提供了新的指导方向

2005年，习近平同志在浙江首次提出了“绿水青山就是金山银山”的论

断；党的十八大将生态文明建设纳入“五位一体”建设总布局，“两山”理念成为生态文明建设的指导思想。新时代，生态文明建设在国家战略布局中被提到新的高度，土地整治作为生态文明建设的平台之一，要求土地整治朝生态化、绿色化方向发展，而“两山”理念为土地整治实践提供了指导方向，即土地整治更加注重生态系统的协调性、稳定性、持续性和山水林田湖草沙的系统治理。

（四）中国土地综合整治研究中的短板

1. 现有研究聚焦于农地，对生态用地整治研究不充分

经过 20 多年的发展，我国土地整治的目标、内涵、范畴在逐步发生变化，但总体来看，对土地整治实践侧重于农地和建设用地，目标主要是补充耕地面积、提高耕地质量、优化城乡用地结构。目前学术界对土地整治的研究主要涉及土地整治基础理论（罗明 等，2003）、土地整治技术（张志谭，2010）、土地整治潜力（唐秀美 等，2015）、土地整治模式（王伟娜，2018）等方面，总体来看，目前我国土地整治研究主要聚焦于农地，有部分侧重于建设用地整治的研究，而对生态用地整治的研究不是很充分。

2. 传统土地整治目标较单一，“两山”理念整治意识不强

在“保持 18 亿亩耕地红线”方针的指导下，为确保我国耕地总量动态平衡，传统土地整治以增加耕地面积为首要目标，从而有效保障粮食安全和建设用地指标的增加。在这一目标的指引下，土地整治的侧重点是田块归并、耕地数量增加和质量提升，而对水、路、林、村、城等的整治明显不足，且忽视了对“山水林田湖草”生命共同体的生态保护（刘彦随 等，2016）。同时，土地整治过于追求“田成方、林成行、路相通、渠相连”，忽视了自然规律，大量修建水泥型田间路、沟、渠，土地整治趋于混凝土化，整治过程中以耕地数量增加为核心理念而未遵循“两山”理念，导致土地整治后的生态系统更加脆弱。另外，对生产用地、生活用地、生态用地利用无序、布局散乱、管理失效等问题严重，基础设施不尽完善，生态环境污染严重、生物多样性减少，城镇、村落、农田、道路、河流水系、森林等景观要素之间的功能联系遭到破坏。

3. 土地整治实证研究较多，土地整治基础理论创新滞后

目前我国土地整治的实证研究较多，针对土地整治的相关基础理论不尽完善，特别是围绕农村土地为何整治、怎么整治、何时整治、如何优化土地整治

等几个方面的理论问题亟待深入研究和探索（刘彦随 等，2012）；在乡村振兴背景下缺乏从理论上对土地整治的多功能性和转型发展进行探讨（龙花楼 等，2018）；在土地科技创新能力、土地制度创新、研究成果转化、人才队伍建设等方面，现有的体制机制难以满足加强自然资源管理的战略需要，也难以满足生态文明建设的现实需要（尤晓东，2019）。

三、“两山”理念中的生态用地整治思想

本节首先对习近平总书记关于“绿水青山就是金山银山”阐述的来源与发展进行梳理，阐述“绿水青山就是金山银山”论述的理念内涵，研究“两山”理念中的生态用地整治思想，挖掘“两山”理念对我国新时代生态用地整治工作的启示与引领作用。

（一）“两山”理念的由来与发展

“两山”理念是在深入了解中国现代化过程中日益严峻的生态环境问题后提出来的，是面对经济发展与环保问题时孕育的解决方案。“绿水青山就是金山银山”蕴含着绿色缔造、绿色发展的理念，是发展的一种更高层次的境界，亦是创新的结果。“绿水青山就是金山银山”强调环境保护可以创造经济和社会财富，推动环境保护就是增进经济社会发展，这是一种更高层次的绿色繁荣型发展理念，同时遵循“两山”理念本身就具有较高的历史地位、宏大的战略模式、深邃的洞察力，对当今社会各方面的发展都具有重要意义。

1.“两山”阐述的由来

环境治理与经济发展的关系，是习近平总书记一直进行的问题研究。福建省是习近平总书记生态文明思想的重要孕育之地，早在2000年，习近平同志在福建就率先提出建设生态省的战略构想，强化推动生态环境建设和水土流失整治，在全国率先提出集体林权制度改革，福建省也就成为第一个建设生态省的试点省份。同年，推出建设数字福建的战略构想，推动生态治理走向网络化、可视化、智慧化。2002年，习近平同志再次强调以建设生态省为主要载体，在福建主动“实施可持续发展战略，努力保持人口、资源、环境与经济社会的协调可持续发展”。2004年年底，国家环保总局批准了《福建生态省建设总体规划纲要》，福建省陆续出台的相关政策法规使该省生态环境治理走在了全国的前列，为后来在浙江的“两山”理念的创立奠定了理论基础，为之后全

国的广泛开展提供了现实依据。

2006 年，习近平同志在中国人民大学发表讲话，又系统阐述了二者的辩证统一关系。理论界也习惯于把这一重要理论简称为“两山”理念。其中“绿水青山”是指优良的生态环境，而“金山银山”是指经济发展带来的物质财富。

在以“两山”理念为指南的情况下，浙江省走在生态文明道路的前列，取得了许多重要突破和经验。通过十多年的艰辛探索，浙江省初步形成了一条环保、绿色的“两山”发展道路。2015 年，习近平总书记在中央文件中正式提出稳固树立“绿水青山就是金山银山”的理念（张孝德，2017），这就表明该理念已经上升为国家战略阶段，成为指导我国各方面发展的中心思想。

“两山”理念坚持从人与自然的总体出发，一方面，揭露了环境保护与经济发展的辩证统一，另一方面，以中国风格、气魄和话语体质特征生动地归纳了绿色发展的科学内涵，亦是从地区实践考究到全党广泛认可的理论。它回应了什么是绿色发展，怎样达到绿色发展，这也是中国如何走绿色发展道路的指导思想（卢国琪，2017）。党的十八大把生态文明建设放入国家总体规划布局中，这就要求把生态文明建设摆在更为醒目的位置。如今，绿色发展早已经成为指导我国经济社会发展的基本理念和导航标，所以深入学习“两山”理念，深刻理解理论所蕴含的绿色发展思想，对我国生态文明建设与生态经济建设有重要意义。

（1）两个“清醒认识”：保护环境、治理环境污染的紧迫性和艰巨性，强化生态文明建设的重要性和必要性

习近平总书记深知“绿水青山”是经济社会发展和人民美好生活的重要组成部分。早在 2005 年 8 月，习近平同志参观考察了浙江省安吉县余村后，就初次提出“绿水青山就是金山银山”的“两山”理念，其蕴含了发展与保护二者的关系，即把生态环境效益变为经济社会发展效益，绿水青山才能不断地带来金山银山。习近平总书记科学分析了经济社会发展新形势，把“绿水青山”摆在更加突出的位置，强调环境质量是全面建设小康社会的重要一环。2013 年 5 月 24 日，他再一次强调：“要妥善处理好经济发展与环境保护的关系，牢固树立保护环境即保护生产力、改良环境即发展生产力的理念，我们也绝不以牺牲环境换取短时的经济增长。”同月，在中央政治局第六次集体研习时，他提出两个“清醒认识”的重要结论。以“对人民大众、对子孙后代高度负责的态度和义务”促进生态文明建设，缔造良好生产生活环境。正确认识“绿水青山就是金山银山”的实际情况，也是全面建成小康社会、实现中国梦的重要内

容。以上阐述都能够显示出习近平总书记的弘远见识、忧患意识和责任感，生动刻画出保护环境是“造福后代的伟大事业”。

“绿水青山”是创建美好地球应尽的义务。中国始终积极承担相应责任，支持和推进各国协作应对生态破坏问题，共同保护地球家园。2003 年 8 月，时任中共浙江省委书记的习近平同志就围绕经济发展与环境保护的关系提出了“三个阶段”的认识论：第一阶段是“注重经济发展，不考虑环境，不考虑长远”；第二阶段是“只考虑自身情况、小家园而不顾他人”，乃至是“在损害他人环境的基础上获取自己的经济利益”；第三阶段是认识到“生态问题无止境无国界”“人类唯有一个地球家园”，把环境保护视为“全人类的共同义务”。在此基础上，他提出我国在发展战略中必须坚持三条路径：要走和平发展的道路，不能走西方国家资源掠夺的道路；要走新型工业化道路，不走西方工业化道路；要走可持续发展道路，不能走先污染后管治的道路。

“绿水青山”是国家可持续发展的生态基础。早在 2002 年 6 月，习近平同志在接受《中国环境报》等媒体采访时就强调，福建建设生态省的决策过程是“全面落实生态效益，完善社会环境复合系统结构和功能，在恢复和保持优良生态环境和合理利用自然资源的前提下，创设科学的合理循环经济体系，促成健康发展”。到浙江工作后，他还强调生态建设是“强化国际竞争力和综合能力的必经之路，生态环境已成为一个国家和地区综合竞争力的重要组成部分，为了保持浙江经济大省和出口大省的地位，吸引更多的外资落户，我们需要更加重视环境保护和环境建设，要在更高层次上争取强有力的环境支持”。2005 年 5 月，他还指出浙江水污染问题的严重性，强调“最好尽快还清环境债，不然不能向子孙后代解释”。2016 年 1 月，习近平总书记在重庆召开会议时强调，“长江是‘中华民族发展的重要支柱’，促进长江经济带发展，务必从我国长远利益出发，以产生巨大的生态效益、经济效益和社会效益”。恰是在这个高度上，习近平总书记要求在环境保护方面要算大账、算长远账、算总账，像看待生命一样看待生态环境，造福子孙后代。

恩格斯（1971）指出：“我们所运用的自然规律，在于我们比一切动物都运用得好，我们可以准确意会和使用自然规律。”从这个角度看，这充分体现了执政党对自然规律和社会辩证规律的深刻认识的统一。作为五大发展理念之一的绿色发展理念，是在区域性实践和“两山”理念探索的基础上发展而来的，其之所以能从地区实践探索理论发展到全党公认的理论，原因是它准确认识了人与自然的关系不是孤立的、稳定的，它把保护环境与发展经济进行了辩证统一的阐述。绿色发展理念彻底改变了僵硬的保护环境与发展经济对立的思想。所以不管是农业社会或是工业社会，社会生产力和经济发展必须要有优良的生态环境。绿色发展理论既是对“两山”理念的广义形象概括，又是对“两山”理念的升华，它早已成为全党全国人民公认的共同发展理论。

“两山”理念是现今中国对马克思主义生态文明理论的重要贡献。其中，唯物辩证法整体观的要求体现在生态系统动态平衡的规则；经济与环境保护协调发展规律体现出马克思主义的联系发展观；唯物史观的要求体现在以人民为中心的共建同享法则，这些都充分体现了我党对马克思主义自然观与社会历史观的深刻解析，既承继和发展了马克思主义的思想，又传承了中国传统文化的生态智慧，是创建美丽中国、落实“五位一体”总体布局的首要步调，亦是当今中国对生态文明理论的重要贡献。

“两山”理念还显示出当今世界生态文明的根本特征。“两山”理念认为，经济发展与环境保护应该共生共荣，其真实意蕴是人与自然保持和谐统一，达到经济发展和人口、资源、环境和谐发展，形成生产发展、生活富裕、生态优良的文明发展道路。“两山”理念所包含的双赢理念不仅是生态文明建设的重大理论创新，更具有一定的世界意义。它所具有的普惠性必将使我们拥有一个更加美丽的世界。

“两山”理念是确切处理代际、人与自然之间公平与效率的重要指导，对于解决我国面对的环境问题、推动我国生态文明建设、达成“绿水青山就是金山银山”共识具有庞大的现实意义和远大的历史意义。这既是对中国的传统生态价值观的跨越，同时也妥善解决了发展道路上遇到的问题，为加强生态环境治理提供了中国方案和中国智慧。

（2）“两山”理念回答了什么是绿色发展

“两山”理念科学地答复了什么是绿色发展。它对于什么是绿色发展新理念的思想是丰硕并且系统的，其内容主要囊括绿色发展新理念、绿色财产新理念与绿色幸福新理念。

“两山”理念所包含的新理念是要构成经济发展与环境保护共赢局面，人类的发展不光要发展经济，还要保护生态环境，要努力做到在发展经济的同时保护好生态环境，在保护生态环境的同时发展好经济（卢国琪，2017），要求我们正确处理经济发展与环境保护的关系，解决好生态文明建设的基本问题。十多年来，由“绿水青山就是金山银山”发展而来的“两山”理念，那一点燃“美丽浙江”的星星之火早已传遍了中华大地，成为逾越时空的“中国声音”，显示出中华民族的生态文明新理念（张国云，2018）。

2.“两山”理念的发展

(1)“两山”理念萌芽阶段

2005年8月15日，习近平同志对余村摸索出的绿色发展新模式赋予了高度评价，并说到“绿水青山就是金山银山，本身它就有含金量”。这是习近平同志第一次明确提出“绿水青山就是金山银山”的科学论断。同月，习近平同志撰写了《绿水青山就是金山银山》的文章，提出“假如环境效益转化为有机农业、生态产业、生态旅游等生态经济效益，那么绿水青山就会变为金山银山”(哲欣，2005)。至2006年，浙江大地全面铺开“两山”建设之际，习近平同志又多次以讲话、撰文的形式，进一步充实、完善“两山”重要思想。2006年3月23日，习近平同志再次撰写《从“两座山”看生态环境》一文，从金山银山与绿水青山对立统一的角度，对“两山”理念做了更为完整和严谨的论述，提出了正确处理经济发展与环境保护关系的三个阶段(哲欣，2006)。以这两篇文章为代表，习近平同志关于“两山”的理念体系初步形成。

(2)“两山”理念形成阶段

2013年9月7日，习近平总书记在纳扎尔巴耶夫大学发表重要讲话，并回答学生提问，强调：“中国明确把环境保护放在更重要的位置。我们需要绿水青山，也要金山银山。宁要绿水青山，不要金山银山”(魏建华 等，2013)。这个答案不光是对错误发展观的有力冲击，亦是对“两山”理念的进一步完善。2016年3月，习近平总书记提出：“绿水青山是金山银山，冰天雪地亦是金山银山。”这一论断更加丰富了“绿水青山”的内涵。除此之外，总书记频频强调“两山”理念，其中心思想是“绿水青山和金山银山绝不是对峙的，关键在人，在于如何思考二者之间的关系”。因此，寻找环境保护的平衡点、探索民生福祉和经济利益的平衡点成为习近平总书记执政期间思考和关注的焦点。在这一阶段，习近平总书记从可持续发展的角度，系统阐述了“两山”理念的辩证关系且形成了特有的论述体系。

(3)“两山”理念成熟阶段

2015年3月，中央正式将“坚持绿水青山便是金山银山”写入下发文件中，“两山”理念上升为治国理政的根本方略。2016年5月，联合国环境大会(UNEA)指出，中国生态文明战略为世界可持续发展提出了一种“中国设计”和“中国规划”。2017年9月15日，环保部颁布首批全国13个实践创新基地(国家环境保护部，2017)，呈现出了我国探索“两山”实践的典型做法。2017年10月24日，党的十九大审议并一致通过《中国共产党章程(修正案)》，

“深化绿水青山即金山银山的认识”写入党章（中共中央 等，2018）。

基于以上分析，根据杜艳春等（2018）的研究成果，结合“两山”理念产生的背景，以时间为脉络，将“两山”理念的发展分为萌芽、形成和成熟三个阶段，发展脉络如图 2-1 所示。

“两山”理念对传统工业社会“先污染后治理”的老路进行了改进和升华。它真正找到了一条增进经济发展和环境保护的实际路径，这将有效地引领我国生态文明建设，深刻影响我国甚至世界生态文明历程。

（二）“两山”理念的主要内涵

1. “两山”理念中的经济内涵

“绿水青山”喻指生态环境，对绿水青山的概念有些学者进行了如自然环境的集合，囊括自然财富、生态产品、优质生态环境及其产品和配套服务的界定。本书认为“两山”理念中的绿水青山应具有以下特点：第一，“绿水青山”首先是一种自然生态环境，是在人为利用前的生态环境（王会 等，2018）。第二，自然生态环境必须是优质的、稀缺的。这是一个对比概念，是指一个区域具有而其他区域不具有，或者说，本区域好过其余区域的生态环境禀赋。恰是由于优质生态环境具备的稀缺性和独特性，才能经过市场机制赋予其合理的价格来进行交易，才能经过市场价值创造把优质的生态环境变成居民收入。第三，“绿水青山”不光是提供有形的生态资本，还提供无形的服务功效。所以“绿水青山”包含与优良生态环境有关的生态产物和生态服务。

一般来说，金山银山指代的是经济效益，“绿水青山就是金山银山”是指从环境中获得经济效益。从习近平总书记的“良好的生态环境是最普惠的民生福祉”重要论断中可以体现出来。“两山”理念中的金山银山是一种更为广义的看法，是与收入水平有关的民生福祉，体现在两个领域，分别是经济领域和社会发展领域。前者体现为货币化价值，是经济效益概念。后者显示为非货币化价值，是民生幸福概念（王勇，2019）。

2. “两山”理念中的绿色内涵

“两山”理念中所蕴含的绿色新内涵是一种绿色发展理念，即人类的发展是要努力做到在发展经济的同时保护好生态环境，并在保护环境的基础上发展好经济，构建经济发展与环境保护“双赢”局面。

“两山”理念中所蕴含的又一种绿色内涵是绿色幸福观，即人民的幸福不仅仅体现在生产的发展和生活的富裕上，而且体现在良好的生态上。努力使人

萌芽阶段	1985 年	习近平同志时任河北省正定县委书记，在任期间主持制定的《正定县经济、技术、社会发展的总体规划》充分体现习近平同志对经济、人民与生态环境关系的认识。
	1989 年	时任福建省宁德地委书记的习近平同志，面对闽东地区山海各半、林深木旺的现实地理条件，认识到要想发展闽东地区经济必须做到力在于山，兴在于林。
	2002 年	习近平同志调任浙江省委，在召开的浙江省第十一次党代会上提出建设“绿色浙江”的生态目标，实现资源与人口、经济与环境的共同协调发展。
	2003 年	浙江省正式成为全国第五个生态省份建设试点，至此，习近平同志“绿水青山就是金山银山”理念的设想已初显雏形。
形成阶段	2005 年	习近平同志时任浙江省委，在调研浙江省安吉县天荒坪镇余村时首次提出“绿水青山就是金山银山”的科学论断。
	2006 年	习近平同志发表的《从“两座山”看生态环境》一文中科学阐述了“两座山”的辩证关系，提出了“两座山”关系的三个阶段。
	2013 年 4 月	习近平总书记赴海南考察时强调：“对人的生存来说，金山银山固然重要，但绿水青山是人民幸福生活的重要内容，是金钱不能替代的。”
	2013 年 5 月	习近平总书记主持党的十八届中央政治局第六次集体学习时强调，要正确处理好经济发展与生态环境保护关系。
	2013 年 9 月	习近平总书记在出访哈萨克斯坦时发表了关于“绿水青山就是金山银山”的重要演讲，强调“我们既要绿水青山，也要金山银山。宁要绿水青山，不要金山银山，而且绿水青山就是金山银山”。
	2013 年 11 月	习近平总书记将“绿水青山就是金山银山”理念提升到了系统论高度，在党的十八届三中全会讲话中指出“山水林田湖是一个生命共同体”。
	2014 年	习近平总书记在参加十二届全国人大二次会议贵州代表团审议时系统论述了“绿水青山”与“金山银山”的辩证关系。
	2015 年	习近平总书记提出“绿水青山就是金山银山”这一科学论断的十周年，也是中国生态文明建设的标志性年份。同年 3 月召开的中央政治局会议将“坚持绿水青山就是金山银山”理念正式写入中央文件。
	2015 年 11 月	习近平总书记在中央扶贫开发工作会议上强调，要通过改革创新，使一些生态环境基础薄弱且相对贫困的地方实现生态脱贫，要让绿水青山转化为金山银山，带动贫困人口增收。
	2016 年	习近平总书记在贯彻党的十八届五中全会精神专题研讨班上指出：“环境就是民生，青山就是美丽，蓝天也是幸福，绿水青山就是金山银山。”
	2016 年 5 月	习近平总书记赴黑龙江考察时提到：“要按照绿水青山就是金山银山、冰天雪地也是金山银山的思路，摸索接续产业发展路子。”
	2016 年 9 月	习近平总书记在 B20 峰会上向二十国代表阐述了绿水青山就是金山银山的观点。
	2016 年 11 月	习近平总书记在亚太经合组织工商领导人峰会上，阐述了绿水青山就是金山银山对于推动绿色低碳循环发展，坚持可持续发展战略的重要意义。
成熟阶段	2017 年 1 月	习近平总书记在联合国日内瓦总部发表的演讲中指出：“我们不能吃祖宗饭、断子孙路、用破坏性方式搞发展。绿水青山就是金山银山。我们应该遵循天人合一、道法自然的理念，寻求永续发展之路。”
	2017 年 10 月	党的十九大报告中，生态文明建设被提升为中华民族永续发展的千年大计。同月，“绿水青山就是金山银山”理念正式写入《中国共产党章程》。
	2018 年 4 月	习近平总书记在深入推动长江经济带发展座谈会上强调：“发展经济不能对资源和生态环境竭泽而渔，生态环境保护也不是舍弃经济发展而缘木求鱼，要坚持在发展中保护、在保护中发展，实现经济社会发展与人口、资源、环境相协调，使绿水青山产生巨大生态效益、经济效益、社会效益。”
	2018 年 5 月	习近平总书记在全国生态环境保护大会上提出：“绿水青山既是自然财富、生态财富，又是社会财富、经济财富。保护生态环境就是保护自然价值和增值自然资本，就是保护经济社会发展潜力和后劲，使绿水青山持续发挥生态效益和经济社会效益。”
	2019 年 6 月	习近平总书记在第三十二届圣彼得堡国际经济论坛全会的致辞中提出：“中国将秉持绿水青山就是金山银山的发展理念，坚决打赢蓝天、碧水、净土三大保卫战。”
	2020 年 3 月	习近平总书记再次来到浙江省安吉县余村，在讲话中指出“绿水青山就是金山银山”理念已经成为全党全社会的共识和行动，成为新发展理念的重要组成部分。实践证明，经济发展不能以破坏生态为代价，生态本身就是经济，保护生态就是发展生产力。
	2020 年 6 月	习近平总书记在视察宁夏时强调树立“绿水青山就是金山银山”的理念，与统筹规划山水林田湖草系统、优化国土空间开发格局密不可分。
	2020 年 10 月	中共第十九届中央委员会第五次全体会议公报中，强调了坚持“绿水青山就是金山银山”理念，对于尊重自然、保护自然具有重要意义。

图 2-1 “两山”理念发展阶段示意图

民群众既享受丰富的物质文化产品，又享受良好的生活环境和生态产品，实现人民富有与生态美的统一。习近平总书记明确强调：“生态文明建设是人民幸福和民族强盛的巨大筹划，国民对美好生活的憧憬，便是我们的奋斗目标。”这意味着，我们党和国家工作的起点和终点都是为了增进国民的幸福，提高其幸福指数。然而，长期以来，什么是国民福祉、如何促进国民福祉等问题上一直存在着很大的差别。无数事实诠释，国民幸福的进步不只取决于经济增长，也不只取决于物质文化产品的丰硕水平。在新的历史条件下，人们的幸福感并没有传统幸福观所描述的那么简单，而是有了更多丰富的内涵。习近平总书记在“两山”理念和有关讲话中做了上发表的前所未有的深刻阐述，主要有以下几点：第一，提高人民幸福感，我们不光要不断满足人民群众对多姿多彩的物质文化生活的需求，还要不断满足人们对蓝天、大地的绿色需要，即对优质生态环境和附属产品的需求。第二，发展使人们生活变得更好。假如我们为环境支付昂贵的代价，破坏最基本的生计需求，我们就必须用得到的财富来修复我们的生存环境。这是因小失大的逻辑怪圈，所以良好的生态环境是“最基本的生计需要”和“最基本的生存环境”。第三，非物质文化产品在提高人们幸福感方面，优质的生态环境具备人人同享的“最公平的公共产品”和“最具包容性的民生福祉”的特征，我们必须更多地重视它。第四，“我们不能为了当代人的财富牺牲后代的幸福”（黎祖交，2016）。“两山”理念所蕴含的绿色幸福理念充分体现了“代际公平”的可持续发展理念，是对于代际的深刻准确认识。

“两山”理念蕴藏的另一种绿色内涵是绿色财富理念，即不光金钱是财富、人工产品是财富，自然资源和生态环境亦是财富，并且是更基础和原始的财富。于是“生态安全”理念就必须贯穿于创造财富的全过程中。首先，自然资源、生态环境是财富，“绿水青山”作为一个优质的自然生态系统，对人类自身就是有价值的。其次，在一定条件下绿水青山能够变为金山银山，“生态效益能够变为经济效益”。最后，一切财富的来源是自然资源价值，与金钱和人工产品相比，没有自然资源和生态系统，人类社会的一切“财富”都会变成无源之水。

3.“两山”理念中的辩证关系

“绿水青山”与“金山银山”之间存在三种关系，分别是相互区别、相互影响和相互转化。习近平总书记关于环境保护与经济社会发展关系的论述，认识到两者既矛盾又统一。它强调“宁要绿水青山，不要金山银山”，强调一定要把保护生态环境放在重要位置，决不能以损失生态环境去获取短时的经济发展。“绿水青山”与“金山银山”的关系为正视人与自然提供了根本的路径和方向，解决了建设生态文明的关键问题。“两山”理念的提出就是解答了发展与保护的本质问题，为实现和谐共生指明了新途径。它逾越了环境保护与经济发展相分离的思维，融洽了人与自然二者的关系，意味着我们在经济与社会中不仅要有绿水青山，还要有金山银山，强调生态环境与经济社会发展相结合，而实行生态环境保护也不是要放弃经济发展，“绿水青山”和“金山银山”应该是和谐共存，协调互补。

“两山”理念从根本上革新了人们对生态环境无价或廉价的传统意识。显然，绿水青山具有无限的经济价值，必须把环境保护放在首位，绿水青山不仅是自然财富和生态财富，也是社会财富。一方面，“绿水青山”如同一个优质的自然生态系统，拥有良好的服务功效；另一方面，“绿水青山”能够经过人类的实际活动来满足人们不断增长的需求，更好的绿水青山服务功能不能只用货币来衡量，它的价值体现在一个长期的尺度上，更不能单独从经济的角度来解释，要从幸福感、绿色财富、生态系统及其他服务功能等角度来解释。“两山”理念为解决环境保护与经济发展矛盾问题的转型和统一找到了途径，即找到了经济发展方式向更高层次转变的方式。

从理论上讲，“两山”理念的基本要求是在利用金山银山找到可持续转化路径。因此，在“两山”理念的实践建设中，如何处理两座山的关系及其转化路径也就是需要考虑的关键性问题。由此根据杜艳春等（2018）的研究结果，可以按照区域生态环境质量与经济发展水平，将不同区域“两山”关系和过程分为四类，如图 2-2 所示。

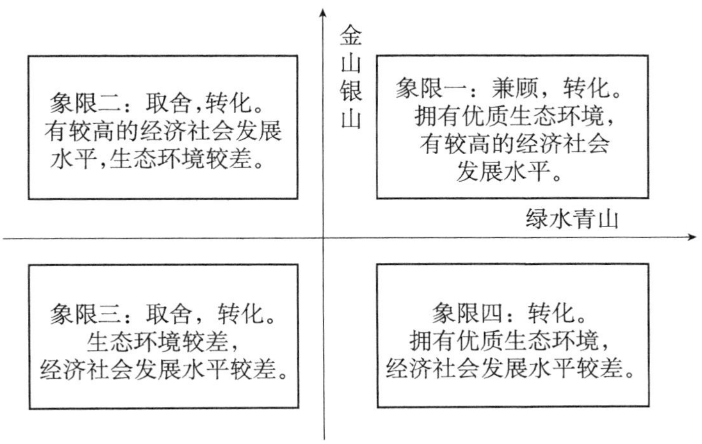

图 2-2　不同生态环境和经济发展水平下的“两山”关系

在图 2-2 中，第一象限和第四象限都是生态环境优良的地区，具备转化的生态环境基础，但经济发展水平不同。经济发展水平落后的地区，应严格遵循自然规律，积极探索改造的有效途径，走生态经济发展道路。经济发展水平好的地区，说明该区域在一定程度上实现了经济与环境的协调发展，同时可以坚持兼顾和转变两个理念，使从绿水青山向金山银山的转变之路更加坚定。第二象限和第三象限是生态环境较差且不具有生态环境基础的地区，若是地区经济发展水平在一定程度上是好的，说明以往的经济发展主要是以损失生态环境为代价的，未来发展要坚持选择和转型的理念，在保护环境的基础上寻求发展经济的有效转型渠道。虽然个别区域经济发展水平也较低，但总体上是国家扶贫等政策支持的重点区域，也要坚持选择和转化两个理念，在保护绿水、青山的前提下，促进金山、银山的发展。

4. “两山”理念中的生态文明建设

“绿水青山就是金山银山”开辟了一个面对人与自然关系的新局面，是社会主义生态文明的方向指引。从“生存”到“生态”，从“衣食住行”到“环境保护”，人们对新鲜空气和优美环境等的需求更大。坚持“两山”理念，就是要更加理性地思考发展与保护的关系，把这种发展理念和文化价值观贯穿于经济社会发展的始终，丰富了其深刻的社会主义生态文明内涵。社会主义社会是全面进取发展的社会，保护生态环境，推进生态文明建设是社会主义的本质所在。党的十九大进一步彰显出生态文明在实现中国梦中的紧要地位，诠释中国梦是一个拥有高度生态文明的美丽中国梦。从生态文明的新时代角度看，“绿水青山”和“金山银山”要实现双赢，特别是决不为短时的经济增长来损害环境，同时尊重发展愿景，与时俱进，努力实现“绿水青山”“金山银山”更高层次的平衡。这是大力推进生态文明建设的更加积极的思想和战略，代表了我们党新的生态意识和发展意识，代表了我们社会主义生态文明建设的切实表达。

从国内的角度看，绿色发展的提出意味着生态文明建设既有理论上的认识，也有路径上的实践。经济高速增长使我国的生态环境付出了不小的代价，构成了一定程度上的赤字。在 2012 年 12 月，习近平总书记在广东考察时就严肃警告：“我们有太多的工作在生态环境方面要做，如果不从现在开始解决这个问题，我们将在未来付出更多。”绿色发展模式是经济和社会发展的需要。它不仅为中国未来的发展提供了一种可以遵循的范式，即实现发展方式的“绿色”，而且还提供了一种新的价值取向和理性的大众化行为（邱耕田 等，

2016)。

从国际上看，绿色发展方向与世界发展趋势相契合，是中国达到可持续发展的必经之路。环境问题也不仅仅是中国面临的问题，同时也是世界上其他国家无法解决的问题。绿色发展是在环境危机管理的基础上提出的，在全球化的今天，环境安全已成为一个国家和地区的综合竞争力。实施绿色发展更有利于增强我国国家力量，促进社会经济健康有序发展。可以说，中国将继续履行国际义务，深入开展生态文明领域的贸易与合作，促进成果共享，共建地球生态家园。

5. “两山”理念中的实现路径

生态的繁荣意味着文化的繁荣，而生态的衰落意味着文化的衰败，对生态环境的保护是对当今和将来的贡献。“两山”理念体现了对生态文明建设客观规律的准确认识。“绿水青山就是金山银山”就是根据中国国情提出来的，亦是当代发展方式绿色转型的深刻再现。从绿水青山到金山银山的实施路径，就是走生态优先、绿色优质发展路径。当前的关键性问题就是如何妥善处理好经济发展与环境保护的关系，如何实现生态产品的价值，以达到绿色发展与高质量发展。其主要路径分为生态补偿、生态税费、绿色金融、生态市场等，其路径本质就体现了在意识到绿水青山经济价值的前提下，通过引入市场机制来实现向金山银山的转化，或者在某种现实程度上说是利用金山银山找到向绿水青山的可持续转化路径。习近平总书记还强调：“促进经济发展和环境改善从本质上讲是相互联系、相互衔接、相互促进的。”环保人士更注重协调合作意识，人们如果不从思想上认识环境保护与经济发展的实质关系，就不能持续促进经济发展。若是不把环境保护和经济社会发展有效联结起来，就不能促进高质量的绿色发展（Pat et al.，2020）。这不仅表明很长一段时间里，社会主义初级阶段的重要任务仍然是解放和发展生产力，也明确强调推动生产力可持续发展即生产力更高层次转化的重要思想是保护和改善自然生态环境。“两山”理念把生态环境和社会生产力协调统一，提供给社会主义生态文明新时代建设的实际指导方针（吴舜泽，2020），为实现绿水青山向金山银山的转化路径奠定理论基础。

自然生态环境不光是生产力三因素中最基本的来源，而且是影响生产力要素组合方式和发展水平的重要变量之一，也是影响组合方式和生产力发展水平的关键变量之一。没有优良的自然环境和丰富的自然资源，社会生产力就不能实现持续高效发展。“绿水青山就是金山银山”是根据中国国情提出来的，这不仅表明很长一段时间里社会主义初级阶段的重要任务仍然是解放和发展生产力，也明确强调推动生产力可持续发展的重要思想是保护和改善自然生态环境。“两山”理念把生态环境和社会生产力协调统一，还提供了社会主义生态文明新时代建设的实际指导方针（吴舜泽，2020）。

（三）“两山”理念中的生态用地整治思想

1. 从农地整治到生态保护与修复的生态整治思想

广泛开展土壤改良和生态修复建设工程，是深化土地管理、增添耕地数量、提升耕地质量的重要技术措施，实施乡村振兴战略、建设新时期美丽乡村是落实习近平总书记生态思想、推进农村恢复战略的重要举措，是深化新领域发展的重要途径。2019 年，中央一号文件的许多工作都与生态保护和生态恢复密切相关，例如，聚焦深度贫困地区，大项目建设继续向深度贫困地区倾斜，严格坚持 18 亿亩耕地红线，全面落实基本农田保护机制，完成高标准农田建设任务，促进山区整体管治，推动山水林田湖草体系建立。一号文件的发布，又一次明确了新时期巩固国土、恢复环境的要求和目标。

以绿水、青山、金山、银山为重要转折点的习近平总书记生态文明思想，已成为一个根本的行动指南，推进党和国家的发展建设。提升生态土地的整体调整，加快恢复生态功能，提高国土开发利用的质量和效益，已成为全面推进现代化生态文明建设综合平台的重要起点。

《国土综合整治和生态修复行动计划》实施以来，我国农村生态、生产、住房供给等不断优化，更好地实现了资源保护和经济发展的双赢，空间和资产得到激活。因此，国家应进一步深化国土整体整治和生态修复，探索全面清查、保护耕地、保护环境、促进发展的新途径，加强村庄规划的实施，推进空间科学合理布局、节约集约利用土地，深化农村体制改革试点，实行基本农田永久储备制度，实施城乡土地增减挂钩调整政策，促进农村生态环境的重建和恢复，积极实施生态土地整治工程建设，改善农村环境，对农民权益进行保护，促进农村集体经济增长与农民收入增加，加强项目监督，实现从农地发展到生态保护与恢复的重建。所以对于新时期的生态土地管理方面，国家赋予了更大的决心。

2. 从农地整治到山水林田湖草生命共同体的整治修复

保护生态环境就是保护生产力。生态环境为人类供应了土地、森林、矿藏资源等多种自然要素，已经成为生产力发展越来越重要的来源和保障。显然，资源的无穷损耗和环境的污染将致使能源资源难以持续利用，生态环境难以承载人类活动，即生产力遭到破坏。反之，有效减少损耗，减少破坏环境，努力实现循环可持续发展便是节约经济成本。

在党的十九大上，习近平总书记提出了坚持人与自然融洽共生，建设敬重自然、绿色发展的生态系统，提出“人与自然和谐共处”“山水林田湖草生命共同体”的理念，也提出了敬畏自然、尊重自然、顺应自然、保护自然，寻求人与自然和谐发展的价值观和发展观。在传统空间内涵中，山川属于一个地域系统，森林、农田和草地属于另一个空间系统，但“山川、森林、农田、湖泊和草地”是一个整体有机的自然生态系统。习近平总书记的治理思想其核心是树立自然价值观，以保证健康发展和建立可持续生态系统，要求从过去独特的保护与恢复因子向多方面的体系服务功效转变，促成有针对性的保护与恢复。习近平总书记早在 2014 年就指出：“要用系统论的方法看待问题，生态系统是一个有机整体，应该兼顾防洪和流域生态环境保护、水资源管理和森林资源管理、湿地保护等。”（范丽娟，2019）自然界中的山、地、林、湖等都是自然要素中的重要组成部分，彼此相互联系，相互制约。人类活动与生态因素之间亦是互相联系、彼此制约的。所以要在充分尊重自然规律前提下开展改造活动。习近平总书记还明确指示：“我们要明白，山水林田湖草是一个生命共同体，人的命脉在田，田的命脉在水，水的命脉在山，山的命脉在土，土的命脉在树。”所以在用途管制和生态修复工程方面务必遵守自然规律。实施山水林田湖草生态保护与修复工程，必须冲破生态要素、部门管理、行政区划和行业管治的界线，统筹兼顾，健全环境和自然资源治理机制，促成生态系统的发展。要树立生态文明的公平价值观，注重土地复垦和土壤污染恢复，注重水环境的保护和管理，在生物多样性保护和全球管理以及区域生态系统恢复方面，以生态基础设施建设、景观生态方法和自然生态技术为主要技术手段，因地制宜地进行设计和实施。

作为国家战略工程的国土整治与生态修复势必成为推动生态文明发展目标的重大举动。绿色发展和生态整治思维开启了中国迈向生态文明新时代（张孝德，2017），需要我们多管齐下、多路并进，通过建立、健全制度完善的保护体系与有效恢复机制，打造一系列重点工程，推动技术平台和模式的创新，最终实现“山青、水秀、林茂、田整、湖净、草丰”。

3. 从土地整治的增地、增粮到绿水青山的生态目标导向

由于实施“造地增粮富民工程”以及“以粮为纲”的政策导向，导致人口

和牲畜数量迅速增加，加之各地农民长期保持着低收入的传统农牧业生产方式，大规模开垦土地和牧场，粗放管理土地资源，致使农业和农村经济低效，堕入恶性循环中，生态环境不断恶化，水土流失、干旱等自然灾害频发。上述政策在特定时期具有积极作用，现如今的水绿山青发展目标是国家大力提倡的，所以加快生态环境建设是促进经济、社会发展的根本途径，要在经济发展中走生态恢复的良好道路，实现经济发展与生态和谐的统一。

“决不能为了经济的暂时发展牺牲生态环境。”这是习近平总书记一贯坚守的原则，也是中国经济发展最重要的基础。习近平总书记多次强调要树立生态红线的思维。就环境保护而言，便是不能越雷池半步，不然就要遭到处罚。在“两山”理念的指导下，绿色发展已成为指导我国经济社会发展的基本理念。可以说，党的十八大以来，党中央提出的一系列关于经济社会发展的重大决策都是以“两山”理念为指导的，例如，京津冀协同发展战略首要任务就是以环境优先促进协调发展，是以绿色发展理念为指导。

4. 从土地整治的农地元素到全要素的全域系统整治思想

扩张农地建设范围能够优化种植业布局、改进农地生产率。而提高农业用地生产率也能够降低不同地区要素价格差距。在劳动力分配方面，农业生产资料的劳动分配规模扩张对农民有很大价值。同时也表明，改变种植结构、增加要素或投入是农民获得经营收入的理性选择或唯一选择。此外，农地所有权使农民有更大的自由来分配家庭生产资料，改变农业种植结构，追求比较优势的优化和利润的最大化，从而改变收入结构。而现如今是将全域性、全要素统筹考虑，更加科学、全面、具体化。

全域即区域范围覆盖水域、陆地等，包括生态空间、农业空间与城镇空间，构成全域统一的管控框架。全要素即围绕人与自然融洽相处、山水林田湖草是一个生命共同体等核心理念，兼顾山、水、林、田、湖、草自然资源，同时融汇人、车、路、地、房等社会要素，形成全要素融合的管控基础。

在很长一段时间，通过增加高强度的土地建设、开发利用自然资源等因素的影响下，我国人口压力不断加大，生态环境严重退化。考虑到这些生态恶化的地区，国家随后组织实施了一批重要的环境保护和建设项目，其在改善森林植被和草地覆盖方面取得了成功，然而由于项目之间缺乏系统的、整体的考虑，局部效果好，但整体效果差，所以生态系统服务功能尚未真正恢复。全域土地综合整治被认为是实现土地整治转型的有效形式和重要方向（黄雪飞 等，2018）。在新时期乡村振兴背景下，对土地综合整治提出了要系统整体推进生态修复、提高植被覆盖率、提高农村土地使用价值、促进城乡发展要素合理流动、实现社会合作治理、社会力量共同参与等新的要求（张伟 等，2020）。

综上所述，在绿色管治途径上，要根据自然规律推动经济社会发展。遵循正确的生态文明理念，坚持走新型工业化与城镇化道路，在尽量不破坏生态环境的过程中，减少资源消耗，坚持早预防、早治理，加强水、大气、土壤等污染防治，实现绿色循环低碳发展。

同时，制度具有基础性、长期性、稳定性的地位和作用，在生态用地整治过程中，习近平总书记明确指出："保护生态环境，我们必须依靠制度和法律，只有更强硬更严格的制度，才能为生态文明提供可靠保障。"习近平总书记在2017年5月26日也明确强调："落实并完善自然资源管理系统，整合自然资源和环境监测，促进环保督查，完善环境损害赔偿和保护制度。"

因此，在绿色治理措施方面，要落实制度约束和宣传定位。建立环境督查制度，严肃追究破坏环境责任人。同时，强化生态文明的宣传教育，巩固生态思想、环境保护思维和全民节约认识，营建良好的环境友好氛围，注重制度管治和宣传指导（刘治彦，2017）。在管理机制方面，要改变自然资源治理逻辑，精简权力，统一管控，分级管理，确立环境保护的价值取向。在行政服务统一管理的基础上，探索自然保护多主体"共保、共建、共享"的可持续发展机制，为全民提供优质生态产品。在保障体系方面，应当履行最严厉的环境保护制度（林凯旋 等，2019）。总之，我们将以习近平总书记生态文明思想为指导，继续走可持续发展道路，加强环境保护，推动中国和世界治理迈上新台阶。

（四）"两山"理念对新时代生态用地整治的引领作用

1. 对新时代的生态文明建设具有重要的启示意义

生态文明建设是一项长期复杂的任务，"两山"理念指明了完成这一长期复杂任务的正确路径。首先，"两山"理念给中国如何实现经济发展和生态环境保护双赢的良好局面指明了方向。其次，"两山"理念告诉我们如何组织群众提高全社会的生态环境保护意识，充分发挥广大人民群众的力量和智慧，实现"美丽中国"梦想。再次，"两山"理念给出了走向生态文明新时期切实可行的方案。最后，"两山"理念要求我们抓住中国社会主要矛盾的变化，努力提供优质的生态产品，满足人民群众对美好生态环境的需要。总之，"两山"理念经历从产生、发展、成熟到完善的渐进过程，具有理论创新性和现实针对性，具有长期指导中国绿色发展和实现社会主义现代化的重要意义，是美丽中国建设的行动指南，也为“绿色地球”开出了良方，为世界生态文明建设贡献中国智慧和中国方案。“两山”理念将有力推动生态环境保护国际协作与交流，对世界生态文明建设具有重要的启示意义，将最终实现全球生态安全（李湘刚，2019）。

（1）要因地制宜，科学谋划发展战略，深入推进“生态立国”战略，着力解决突出环境问题

坚持环境社会和经济效益相统一（刘治彦，2017）。要统筹兼顾长期效果和短期效果、整体效益和局部效益，力图实现科学合理的制度目标，同时选择多种措施，出台更具操作性的大气、土壤、水污染防治规划，创建统一高效的地区联动协调体系，落实重大环境问题处理措施，强化大气污染防治，重点整治工业烟尘、建筑工地、汽车尾气等，大力裁减小型燃煤锅炉，严格堆场管理准则，全面推行绿色出行。在土壤污染治理方面，要建立土壤质量监测体系，全面开展土壤质量清查，详细检查土壤质量状况，落实专项治理措施，加强污染治理和修复，实施绿色治理重大工程，加快推动自然环境保护与建设工程、环境综合管治工程等重大绿色治理工程。转变经济发展方式，大力发展新兴产业、现代服务业等环境友好型绿色生态产业。

（2）要努力建设绿色生态空间，进一步完善路线规划引领，科学布局生态建设

统筹绿色生态空间布局，加强山水林田湖草系统保护，推进绿色通道、绿化廊道建设，打造生命共同体，形成密集合理的城乡发展规划布局，践行“绿水青山就是金山银山”的重要思想，实现宜居宜人生态空间。优化县域发展定位，积极地在全国大格局下审视策划契合生态文明建设需要的县域战略目标，推进县域发展朝着更有效率和更可持续的目标迈进。加强环境保护修复。坚持预防为主、综合管治，打好污染防治攻坚战，强化物种和生态屏障区的保护、管理，增强对保护区封闭山区建设的管理。强化生态系统修复，不断提高生态系统一体化。在国土布局、基础设施等领域，结合生态经济、生态文明建设等方面，对相关工程建设进行生态重建，确保各领域不断进步。

（3）要不断完善生态文明和治理规划体系

生态用地整治是协调人与自然关系的系统工程，必须系统地进行分类分级。进一步完善环境保护、环境治理、土地利用、矿产资源开发、能源与气候安全等系列专项规划，保证经济社会发展与自然环境的协调统一。完善工作机制，加大在生态环境方面的改革力度，构建完整的生态文明体系，为其注入强

劲动力。鼓励和引导各类主体参与文明建设、生态建设，加速建立可操作性环境损害赔偿机制。要改进部门联动执法、生态环保公益诉讼等制度，严格执行社会舆情反映制度、专家咨询制度和宣传制度，要用制度保护生态环境。尽快创设和完善增进绿色管治的体系机制，为合理开发资源、治理环境和修复生态提供保障。最终把生态文明建设放入经济社会发展整体评估体制，显著提高评价权重，探寻编制自然资源预算，并对自然资源和环境责任人进行监察，使人们能够看到、感受到改革发展的实际效果，充分激活“两山”理念的持久生命力。

（4）要建立新时代的自然资源管理体系

建立绿色治理绩效评估体系和自然环境与自然资源价值评估体系，编制自然资产负债表，建立以县级行政单位和地级行政单位为主体的分析框架，开展年度绿色治理绩效考核。综合卫星遥感技术、地理信息系统空间分析技术、生态景观指数等形成绿色治理数据共享与监控分析统一平台，为可持续发展提供科学依据，为绿色治理提供现代化支撑（Zhang et al.，2020）。

（5）要加快培育生态文化体系，夯实治理文化基础

中国是具有五千年历史的文明古国，人与自然和谐的理念早已植根于传统文化之中。在迈向中华民族伟大复兴的今天，中国要更加注重绿色发展和绿色治理文化的振兴，为绿色发展和绿色治理打下坚实的基础，培养新的发展范式，推动绿色发展走向世界。一是弘扬文明理念。从儿童、青少年、家庭、学校抓起，宣传相关法律规范和生态文明科学知识，引导群众自觉把生态理念植根于心，扎根于心，落实于心。二是支持生活方式的绿色化。大力提倡绿色低碳出行，推行绿色休闲新方式，加快向绿色、低碳、文明、健康的方向转变。三是倡导公众普遍参与。完善公众介入和监督制度，保障其环境权利，加大传播力度，深化法制观念，营建浓厚环境监督保护氛围。

综上所述，“两山”理念发端于浙江，并在全国各地得到实践。对于实现中华民族伟大复兴的中国梦具有重要意义。它势必促使中国生态文明建设进入新境界，势必会影响整个人类生态文明的历史进程。

2. 对新时代的生态用地整治创新具有重要的引领作用

（1）引领突破传统的土地整治理念

首先，“两山”理念为中国变革开拓了新思维，提供了新思路。以“两山”理念为指导实施环境保护与土地整治，使经济发展方式得到转变。在将来，发展生态经济将是我国转型和经济发展的重要内容与方向。践行“两山”理念对

转变人们的生产、生活方式，对整体促进新时期建设具有重要意义。

其次，土地整治理念为我国生态市场经济提供了理论支撑。能否在发展生态经济中引入市场机制成为能否落实“两山”理念的关键。为增进生态市场经济的发展，党的十八届三中全会推出要完善自然资源产权制度的重大决定，这也成为进入市场调节的一项革命性变革。

（2）引领创新土地综合整治模式

“两山”理念的发展为中国土地综合整治模式提供了新的解决方案。中国不能走以损失乡村为代价的城镇化道路，这也是中国特色城镇化道路上的最大困难。但在“两山”理念指导下则解决了这一困难，使中国乡村发展看到了新的希冀（张孝德，2017）。在土地综合整治下，乡村的绿色经济迎来了新的发展契机。“互联网＋”对接供求，使阔别市场的乡村得到新优势。可以说，在习近平总书记的正确引导下，乡村已成为绿色发展最大受惠者，改革红利最大程度得到释放。绿色农村发展也将从根本上解决工业化经济背景下城乡二元独立的问题。

（3）引领提升新时代土地综合整治目标

土地综合整治是推动城乡一体化发展的重要平台和关键抓手，通过有效整合综合整治土地资源，可以提高资源使用效率和利用效率，促进城乡资源合理配置，实现城乡互动发展。积极践行“共同体理念”，推动和提升其综合整治目标，发挥农田生态系统维护生物多样性、保护生态系统的功效，为生态文明建设提供中国方案，进一步实现全方位良性发展，保护生态环境。

（4）引领拓展新时代土地综合整治内容

进入 21 世纪以前，我国土地复垦的主要目的是补充耕地，特别是开发未利用地、开垦农用地和建设基础设施大规模开发闲置土地。随着耕地后备资源的减少，提高农业基础设施水平已成为我国土地综合整治的主要目标，并在高标准农业用地建设中不断深化。“十五”时期，中国开始寻求建设用地整治的实施，改造包括村落、城镇低效用地再开发等。“十一五”期间，我国坚持实行最严格的耕地保护制度，通过严格建设项目与增补耕地项目挂钩制度，实现了“占一补一”和“先补后占”的局面，并且有计划地实施了各类征地补偿新标准，逐步提高其补偿水平。“十二五”期间，全国土地整治规划首次提出“全域”土地整治的概念，更加重视对土地生态环境整治。“十三五”期间，明确实施藏粮于地战略，促进农田整理；围绕美丽乡村建设，实施土地整治常态化；落实节约优先政策，有序推动建设用地整理；加大保护环境的力度，积极推进生态土地复垦和用地整治；突出区域特征，分区分类进行土地整治五个方面，如图 2-3 所示。

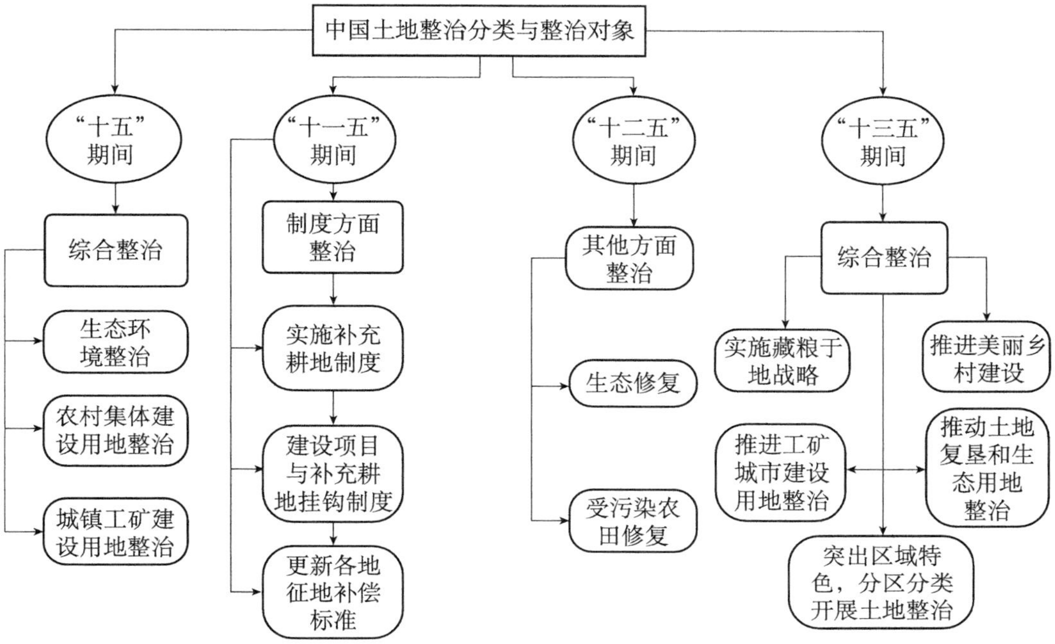

图 2-3　不同时期中国土地整治的主要内容

当前，中国土地整治进入综合调整期，其整治方向的多元化、实施方法的多样化、内容和效益的综合性等特征越来越鲜明，绿色化、生态化土地整治已成为不断推进生态保护和整治的中心，我国将更加注重"质"的提升，通过拓展土地综合整治内容及方法技术的重建和创新，加快中国土地整治向绿色化、生态化的转变，实现土地集约节约利用。

第三章　新时代生态用地整治的关键理论问题

本章重点对生态用地整治的关键科学问题进行探讨，共分四部分。第一部分对生态用地、生态用地整治等关键术语进行界定，厘清生态用地整治的理论基础；第二部分重点对生态用地整治的内涵、对象、目标与任务等进行分析，重点解决什么是生态用地整治的问题；第三部分从“山、水、地、林、草、道”六个方面对生态用地整治的核心要素进行剖析，重点解决生态用地整治什么的问题；第四部分根据不同生态用地类型，重点说明边际土地、废弃宅基地、生态低值地与生态廊道地的整治方向，重点回答生态用地整成什么的问题。

一、生态用地整治的理论基础分析

（一）相关术语界定

1. *农地*

一般来讲，凡是供农业生产用的土地均可称为农地（agricultural land）。由于农业生产的意义有广义与狭义之分，所以农地一词也有广义与狭义之别。

广义的农地包括耕地、园地、牧地、草地与林地等；狭义的农地则专指耕地一项。但依照一般国家的统计惯例，大多将林地与渔业用地列在农地的范围之外。例如，德国、美国、英国、法国与日本等国的农业统计年报或统计年鉴所指的农地，都指耕地与牧地二项而言。我国根据国家土地管理局 1996 年进行的全国土地资源详查及其分类系统，农地类型主要涵盖耕地、园地、林地与草地（孙颔 等，2003）；2001 年国土资源部对土地分类体系进行了调整，在保持原有农地类型（耕地、园地、林地与草地）不变的情况下，新增了一个其他农用地类型，它主要包括农田水利用地与水产养殖水面。2007 年中国质量监督检验检疫总局和中国国家标准化管理委员会联合发布的《土地利用现状分类》，是中国土地利用现状分类的全国统一的国家标准，该分类只保留了耕地、园地、林地与草地四个一级类型，去除了其他农用地类型，并在二级分类时做了较大的精减，耕地下面只分了水田、水浇地与旱地三种类别。2017 年由国土资源部组织修订的国家标准《土地利用现状分类》（GB/T 21010—2017），经国家质检总局、国家标准化管理委员会批准发布并实施。新版标准秉持满足生态用地保护需求、明确新兴产业用地类型、兼顾监管部门管理需求的思路，完善了地类含义，细化了二级类划分，调整了地类名称，增加了湿地归类，将在第三次全国土地调查中全面应用（杨旋，2017）。

不同地区，其农业生产条件与土地利用方式均不一样，农地的概念及其分类也存在一定的差异。以中国与日本（林英彦，1999）为例，农地的内涵是有差异的（表 3-1），但耕地、林地与草地均被认为是农地的核心内涵。

结合中国农地分类系统，本书所研究的农地，取其狭义含义，特指耕地，即种植业用的耕地。

表 3-1　中国与日本的农地分类

地区	农地类别	农地二级类别
中国	耕地	①水田；②水浇地；③旱地
	园地	①果园；②茶园；③橡胶园；④其他园地
	林地	①乔木林地；②竹林地；③红树林地；④森林沼泽；⑤灌木林地；⑥灌丛沼泽；⑦其他林地
	草地	①天然牧草地；②沼泽草地；③人工牧草地；④其他草地
日本	农地	①耕地：水田（看天田与灌水田）、旱地（经常旱地、更换旱地与灌溉旱地） ②草地：原野（无须管理采草地、放牧地）、牧野（采草地、放牧地）、其他草地（畦畔、河川地） ③林地：农用林（薪炭林、用材林与放牧林）、林产物采集林地
	农用设施地	①农舍、作物场地 ②灌、排水设施地（溜地、堰堤、防水等） ③农路、耕作小路（田埂） ④防害设施地（防风、防沙、防雪、防水等）

2. 边际土地

边际土地（marginal land）概念与农地边际化密切相关。农地边际化是指在经济、社会与自然条件等因素共同作用下，农地在当前用途下的“无租化”现象。土地利用的这种“无租化”现象，本质是农地利用的纯收益下降，且处在“小于或等于0”时的那种状态。

农地边际化的结果是农地逐渐变成边际土地。在土地利用上，边际土地是那些对所考虑的用途来讲是边际的或次边际的土地，在这种情况下，劳动力和资本最佳投入组合下的土地产出都不能补偿成本。例如，那些区位条件不佳、土地质量较差（或某些突发事件造成原有质优土地等级大幅度下降）的土地，即便是土地的粮食生产能力得到最佳利用，其经济生产能力逐渐消失，且土地利用的纯收益“小于或等于0”；受边际化影响，这种土地最终会退出耕地范围，或退耕还林（草、湖），或自然撂荒，从而导致该土地的粮食生产功能向生态功能转型。

但是，国内外学者对边际土地的表述，因专业背景差异，其强调的重点不同。经济学家经常说某些土地对于某种用途是边际的，即该土地在所考虑用途的无租或粗放边际之外或之下（雷利·巴洛维，1989）。经济学家比较强调土地的生产能力，例如，林英彦（1999）认为边际土地就是“收益＝成本＋平均利润”而没有超额利润可得的土地。而生态学家则更加关注土地的生态脆弱性，如 Eugene Podum（1981）认为边际土地是指两个或多个异质系统的交错地段（或过渡地段）。该区域的生态因子或系统属性的差异能引起系统边缘带的组分和行为（如植被类型、种群密度、土地生产力等）发生较大变化，致使边际土地具有脆弱性，如果相关因子间协调适应，合理开发利用，则效应为正；否则将导致严重的水土流失、植被破坏，造成短期内无法恢复的废地。多数学者将边际土地等同于土地质量相对较差的土地，例如，吴刚等（1998）就将整个三峡库区的土地均视为边际土地；周邦君（2002）在介绍包世臣的边际土地利用技术思想时，将边际土地理解为需要花费较大力量在空间上“向外展开”利用的土地。

可见，生态学家对边际土地的定义并不严格，多数学者将边际土地等同于土地质量相对较差的土地也不准确。

在土地利用变化的研究上，我们主张沿用经济学家的定义，即边际土地是那些对所考虑的用途来讲是边际的或次边际的土地，指土地在所考虑的用途的无租边际或粗放边际之下，又叫边际外土地或者外部边际土地。在这种情况下，劳动力和资本最佳投入组合下的土地产出都不能补偿成本。这种情况在湖北省的丘陵山区比较多见。那些地处山区，通达性较差且土地质量低劣的陡坡耕地、灾毁地等，由于自然环境条件本身的制约，农地变得不再具有经济生产能力，最终退出耕地范围，均是典型的边际土地。

可见，边际土地也是农用地与生态用地之间的转换类型。当农地边际化程度加深时，被弃耕撂荒的农地尤其是丘陵山区的旱地，其粮食生产的经济功能衰退，边际化农地开始向以生态功能提升为主的生态用地转型。

3. 生态用地

(1) 生态用地概念

“生态用地”一词最早由董雅文等（1999）提出，2001 年石玉林院士在中国工程院咨询项目“西北地区水资源配置与生态环境保护”报告中对生态用地概念进一步加以阐述。由于与土地利用可持续性密切相关，生态用地的研究逐渐引起学者们的广泛关注，主要涉及生态用地的定义、分类体系和空间结构等方面的研究（陈婧 等，2005）。然而，在国外的土地分类研究中并未将生态用地作为一项独立和专门的类型加以明确提出，但是在其土地分类体系中已经渗透了生态用地的思想，例如，欧洲土地利用分类体系中森林和半自然区、沼泽地、水体均具备自然类型的共同特征，不同于人工地表建筑和农业用地两类主要以人类生产或活动为目的的用地（谢花林 等，2011）。但到目前为止，生态用地的概念和分类在学术界尚未达成共识。

国内学者对生态用地内涵有多种界定，从其阐述方式、区域尺度上看主要存在两种视角。第一种是从土地功能出发进行界定，由于土地功能的复合性，广义上的生态用地强调，凡是具有维护生态系统和改善生态环境效用的土地均为生态用地（韩学敏 等，2010）；狭义上的生态用地，则是指以主要发挥生态效用的土地利用类型（赵丹 等，2009；邓红兵 等，2009）。第二种是从自然覆被特征出发，认为生态要素的空间定位总称为生态用地：成片森林、湖泊水体、湿地、农业用地以及敞开空间等属于斑块状的生态用地；河流、交通走廊、沿海滩涂等属于线状或带状生态用地，或称生态走廊（董雅文 等，1999），突出了生态用地的地理学、生态学特征。从区域尺度上，众多学者立足于西北干旱区（石玉林，2003）、北方农牧交错带（王利文，2009）、太湖地区（韩学敏 等，2010）、岩溶地区（周琰 等，2006）、城市（宗毅 等，2005）

等不同空间等级，对生态用地进行探讨。龙花楼等（2015）在梳理现有文献基础上，将生态用地的概念界定为：生态用地是以保护和稳定区域生态系统为目标，能够直接或间接发挥生态环境调节（防风固沙、保持水土、净化空气、美化环境）和生物支持（提供良好的栖息环境、维持生物多样性）等生态服务功能且其自身具有一定的自我调节、修复、维持和发展能力的除人工硬化表面之外，其他能够直接或间接提供生态系统服务的土地。

这些研究虽未形成统一结论，但其成果逐步反映出学术界在界定生态用地内涵的理论方向上在趋向集中。多数学者认同生态用地是除去生产、生活功能之外，主要提供生态产品、发挥生态功能的土地利用类型的观点（喻锋 等，2015），强调生态服务是生态用地的主体功能并将其作为界定内涵的重要依据。而城市生态用地可以理解为以保持生态平衡和提供宜居环境为主要目标，且能实际发挥涵养水源、净化空气、提供休闲场所和景观、调节小气候等作用，包括自然和人工形态存在的土地。目前多数学者认为生态用地是非生产性的、是非建设性的，生态用地以发挥生态功能、稳定区域生态平衡为首要功能。

在比较吸收以上概念的基础上，我们将生态用地定义为：以保护和稳定区域生态系统为目标，能够发挥生态环境调节、生物支持与生态系统服务等功能的非生产性、非建设性的土地，它以发挥生态功能、稳定区域生态平衡为首要功能。

（2）国内外代表性生态用地分类体系

在生态用地分类方面，国外生态用地分类（ecological land classification，ELC）属于土地分类中的分布学途径，是基于景观生态学的思想发展而来，力求对生态系统进行组织、分级和评估（Richard et al.，1996），其理论得到广泛应用并呈现出统一化和多极化的特点，体现了生态用地思想（John et al.，2000）。美国、英国的生态土地分类研究起步较早，他们在土地分类理论中，以综合的观点看待土地类型，认为自然土地类型是由各种要素组成，包括气候、地文、植被、动物及土壤，突出了土地的生态学含义。进而在等级划分上，认为生态土地分类是和景观及数量生态学相关的领域，其主要目标是要在不同的观测水平上将广大的区域划分为若干等级相似的景观（JPG，2014），体现了分级分类思想。在景观空间分布上，认为土地与景观是同义语，并将景观分为不同的等级：生态地元（ecotope）、土地片（land facet）、土地系统（land system）与主景观（main landscape）四大部分。在生态土地分类途径研究中，生态土地分类主要采用两种途径，一是基于植物与气候的相互关系；二是基于植物、气候与自然环境的关系（Bailey，1981）。在生态土地分类应用上，将自然区划与中小尺度的生态土地分类结合起来，并体现在生态土地分类系统中，从而催生了现代生态土地分类（Hix et al.，1993）。随着生态土地分类提供的综合型生态系统基础信息的增长（Richard et al.，1996），满足土地资源多目标管理要求的能力不断增强。目前在土地调查和评估、森林规划、土壤保护与植物群落分类等方面得到广泛应用，并在生态系统管理和生物多样性保护实践上发挥重要作用（林爱文 等，2002）。

从国内研究进展来看，因生态系统服务能力退化而备受关注的“生态用地”，在学术语境中并不规范，因为没有一种用地类型不具备生态意义，是一种很中国化的概念（俞孔坚 等，2009）。近年来，随着我国生态用地研究的不断深入，生态用地内涵得到深化，在一些区域尺度生态用地分类上有突破，并涌现出众多的生态用地分类方案（表 3-2）。

表 3-2　国内生态用地分类体系

学者	分级	分类	分类标准
岳健，张雪梅，2003	一级	生态林地、生态水域及湿地、生态草地、生态裸露地、自然保护区用地、建设用地内的绿化及景观用地	按土地覆被类型分类
	二级	农用地、人工防护林地、可开垦生态林地、其他生态林地、（河流、湖泊、生态坑塘）水面、冰川及永久积雪地、生态沼泽地、生态滩涂、生态苇地、可复垦的生态湿地	按土地覆被类型分类
韩学敏 等，2010	一级	耕地、林地、草地、水域、湿地	按土地覆被类型分类
	二级	水田、旱地、有林地、灌木丛、疏林地、其他林地、高覆盖草地、中覆盖草地、低覆盖草地、河渠、湖泊、水库坑塘、沼泽地、滩涂、滩地	按土地覆被类型分类
徐健 等，2007	一级	保护区用地、草地、特殊生态用地、裸地及湿地	按土地覆被类型分类
	二级	自然保护区、荒草地、可开发利用荒草地、裸岩石砾、苔原、高原荒漠、永久积雪及冰川、盐碱地、沙地、裸土地、可开发利用裸地、沼泽地、河流水面、湖泊水面、苇地、滩涂、可开发利用水域及湿地	按土地覆被类型分类
荣冰凌 等，2011	一级	林地、草地、水域、其他	按土地覆被类型分类
	二级	有林地、灌木林地、其他林地、河流水面、湖泊水面、水库水面、坑塘水面、沿海滩涂、内陆滩涂、沟渠、沼泽、冰川及永久积雪、空闲地、田坎、盐碱地、沙地、裸地	按土地覆被类型分类

续表

学者	分级	分类	分类标准
邓小文 等，2005	一级	服务型生态用地、功能型生态用地	按土地利用程度分类
	二级	居民点及工矿用地、道路绿地、城市防护林、人工水面、自然保护区、天然河道、湖泊、湿地、林地、草地、农用地、未利用地	
苏伟忠 等，2007	一级	林地、园地、牧草地、未利用地、其他土地	
	二级	有林地、灌木林、疏林地、未成林造林地、迹地、苗圃、果园、桑园、茶园、橡胶园	
	三级	其他园地、天然草地、改良草地、人工草地、荒草地、盐碱地、沼泽地、河流水面、湖泊水面、苇地、滩涂	
张红旗 等，2004	一级	人工生态用地、自然生态用地	按综合两者分类
	二级	农业绿洲、城镇绿洲、自然保护区、山区水源涵养地、天然绿洲型生态用地、湿地、荒漠、植被、夹荒地	
宗毅 等，2005	一级	自然生态用地、人工生态用地	
	二级	园地、林地、牧草地、水域用地、未利用地中的荒草地、沼泽地及其他土地	
邓红兵 等，2009	一级	自然土地、保护区用地、修养与休闲用地、废弃与纳污用地	
	二级	天然森林、天然草地、天然湿地、沼泽地、天然水域、沙漠、冰川与永久积雪、盐碱地、苔原、自然保护区、风景名胜区、防护用地、水体缓冲用地、交通绿化用地、疗养地、体育运动设施用地	
梁留科 等，2003	一级	自然土地、自然保护用地、休闲与修养用地、农业用地	
	二级	天然森林、天然草地、天然湿地、天然水域、荒漠、沙漠、冰川与永久积雪、盐碱地、具有代表性的自然生态系统、动植物保护地、水源保护用地、独特意义的地质构造、地质剖面和化石产地、贴近自然用地、疗养地、野外体育用地、生态农业旅游用地、城市绿地、水库用地、耕地、林地、草地、园地、水产养殖地	
王振健 等，2006	一级	湿地生态用地、绿化生态用地	
	二级	湿地、防护绿地、公共绿地、庭院绿地	

整体来看，这些生态用地分类的划分主要有三种模式：一是从土地覆被类型角度，根据其自然植被的特征进行分类，侧重其自然属性（周琰 等，2006；徐健 等2007；荣冰凌 等，2011；邓小文 等，2005）。二是从土地利用程度角

度划分（苏伟忠 等，2007；张红旗 等，2004）。三是综合两者进行划分（邓红兵 等，2009；龙花楼 等，2015；梁留科 等，2003；王振健 等，2006）。国内的这些进展主要基于不同的城市、地域、流域，在不同的空间尺度上对生态用地进行分类，但没有形成一个大家公认的统一分类体系，而且存在着理论性较强而实际操作难度大的问题，难以与现行的土地利用与管理标准衔接起来，这在实践中不利于生态用地保护落到实处。

因此，生态用地的分类既要充分体现生态土地的现状用途，又要充分考虑国土空间修复过程中土地现状用途修复的转型。

（3）基于土地用途转型的生态用地分类体系

基于服务于国土空间生态修复与土地综合整治的需要，我们按土地利用整治与修复过程中土地用途转型变化情况进行划分，将生态用地分为原态生态用地与转型生态用地两个一级类型。原态生态用地细分为生态高效型用地与生态低效型用地两个二级类型；转型生态用地细分为农用地生态化转型土地、建设用地生态化转型土地与损毁用地生态修复型土地三个二级土地类型，如图 3-1 所示。

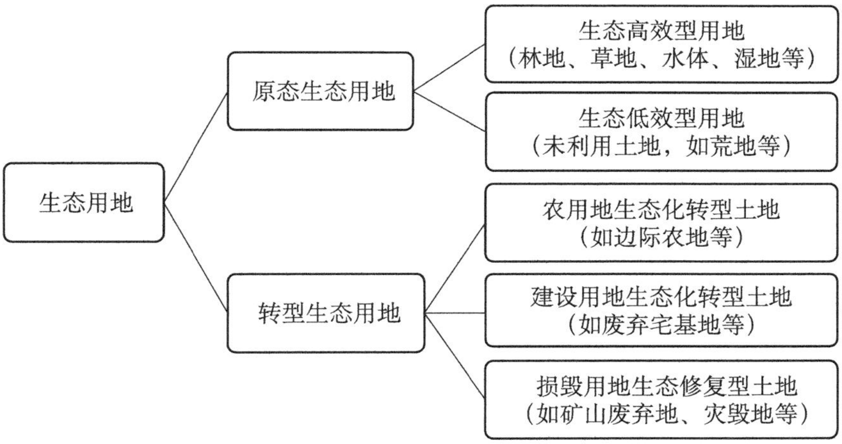

图 3-1　基于土地用途转型的生态用地分类体系

原态生态用地是指那些一直稳定作为生态功能用途的土地，如林地、草地、水体、湿地与其他未利用土地（如荒地等），这些土地不曾出现过生态用途转型的问题；但是，其中未利用的土地，如“四荒地”等低值生态用地，在国土空间修复过程中存在生态服务价值提升的问题。

转型生态用地是指那些因人类土地利用活动或者自然灾害等原因，导致其生态功能向生产、生活等功能转型的土地，例如，林（草）原态生态用地在人类活动的改造下转变成农用地、宅基地、矿山建设用地等，这些土地是由原态生态用地转型而来的。转型生态用地处在一种动态变化之中，在一定条件下这些土地也会重新向生态用地转型。例如，在自然灾害因素的影响下，农用地可能受洪水灾害的影响导致农用功能消失，从而需要再次转型修复为生态用地。据此，可将转型生态用地细分为生产功能衰退型、生活（居住）功能消失型与生态功能损毁型三种基本土地类型，在国土空间生态修复过程中，这三类土地存在重新向生态用地转型修复的问题。

（二）生态用地整治的理论基础

1. 土地整治理论

土地整治是世界上许多国家解决经济社会发展过程中的土地利用问题，调整土地利用结构和布局，改善人地关系的重要手段，是人类在土地利用实践活动中不断建设土地和重新配置土地，对土地利用进行外部干预，以实现土地优化利用目标的过程，也是推动乡村发展的有效手段。

土地整治从字面上理解，即对土地进行开发、利用、改良、治理和保护等相关活动。土地整治以获得土地利用的社会效益、经济效益、生态效益三者协调统一的综合效益为原则，以保护和改善生态环境为前提，以改善农业生产条件和提高土地的集约化利用程度为手段，以实现土地资源的可持续利用为最终目标。不同国家和地区及同一地区的不同发展阶段，土地整治的目标和重点也有所不同，管理程序也有所差异，不同国家之间对“土地整治”概念的表述也不尽相同，欧洲国家一般叫土地整理（land consolidation），澳大利亚、尼泊尔叫土地联营（land assembly），在日本叫土地区划（land reorganization），在韩国叫土地调整（land readjustment），在加拿大叫土地重置（land replotting）。我国在 1998 年以前多叫土地整理，1999—2007 年有土地开发整理或土地整理复垦等提法，2008 年党的十七届三中全会第一次在中央层面提出土地整治（land consolidation and rehabilitation）的概念。尽管这些概念名称有差异，但从本质上都体现了对土地利用问题的解决和土地利用布局的调整、优化。我国土地整治概念的内涵是对低效利用、不合理利用和未利用的土地进行综合治理，对生产建设损坏和自然灾害损毁的土地进行恢复利用，提高土地利用效率和效益的活动（国务院，2012）。

2018 年 3 月 15 日，国土资源部在发布的《土地整治术语》公告中，将土地整治术语规范表述为：为满足人类生产、生活与生态功能需要，依据土地整治规划，对未利用、低效和闲置利用、损毁和退化土地进行综合治理的活动；

是土地开发、土地整理、土地复垦、土地修复的统称（国土资源部，2018）。土地开发是指对未利用土地，通过工程、生物或综合措施，使其达到可利用状态的活动，包括开发为农用地和开发为建设用地。土地整理是指在一定区域内，按照土地利用规划和相关规划所确定的目标和用途，采取行政、经济、法律、工程和生物等措施，对田、水、路、林、村进行综合整治，对土地利用状况进行调整改造，对土地资源进行重新分配，以提高土地质量和土地利用效率，增加有效耕地面积，改善生产、生活条件和生态环境的活动。根据对象不同，土地整理又分为农用地整理和建设用地整理（农村建设用地整理、城镇工矿建设用地整理），高标准农田建设（或农田整治）是农用地整理下一层次的概念，是农用地整理的一个分支类型。土地复垦是指对生产建设活动和自然灾害损毁的土地，采取综合整治措施，使其达到可利用状态的活动。土地修复是指对受污染土地、退化土地采取综合整治措施，使其达到可利用状态的活动。从内涵上，城乡建设用地增减挂钩、城镇低效用地再开发、工矿废弃地复垦利用、低丘缓坡未利用地开发等专项活动都属于土地整治。

土地整治所遵循的基础理论通过土地整治的具体运行得到充分体现。土地整治运行要素包括土地利用自然系统、土地利用方式、土地整治方式及其相关要素的集合。土地整治过程中所采取的各项措施的实施对象是被整治的土地，不同类型的土地在土地生态系统中发挥的功能不同。农业、林业利用系统中，土地为人类生产所需的物质产品和生态产品（生态性的土地）；而在城市、娱乐利用系统中，土地则为人类提供生活、活动空间（空间性的土地）。土地整治的对象具体可以分为耕地、低产园地、农村居民点用地、城市建设用地等几种类型。土地整治行为对不同类型的被整治土地会产生不同的影响，针对这样的土地采取一系列措施，从而改善土地的利用条件，使土地利用结构与方式变得更加合理。

不同的土地利用方式对土地有不同的要求，土地利用方式对土地功能的发挥产生重要影响，不合理的土地利用方式会造成土地利用效率低下，降低土地利用功能。土地利用与整治离不开人的劳动，离不开相关利益主体。土地整治的参与主体包括政府机构、农村集体组织、农户、企业等。不同的整治目的，参与主体和受益者也不相同。例如，耕地整治参与主体一般是国家或地方政府及整治区域中的农户，在土地整治结束后，直接受益者是整治区域内的农户，国家也是间接受益者。

工程建设是土地整治的关键内涵，工程技术贯穿于土地整治的全过程，这些与整治对象关联的工程技术即为土地整治方式。土地整治方式有农用地整理方式、建设用地整治方式、废弃工矿用地整治方式、生态用地整治方式等之分，不同的整治方式和不同的工程技术措施相联系。耕地整治过程中主要实施土地平整工程、农田水利工程、田间道路工程等；农村居民点整治主要进行村庄建设用地规模改造工程、村庄公共设施配套工程、村庄基础设施健全工程等。这些工程会涉及土石方开挖与回填技术、土地平整技术、洪涝盐碱等综合治理技术、排灌渠系统及其建筑物改造技术等；在土地整治后还会产生因产权调整而涉及测量勘测、地块分配等技术。

土地整治运行模式受到资金、政策、意愿、技术与外部环境的影响。首先，土地整治是一项由扩大再生产形成的固定资产和生产力的投资建设活动，是一种典型的经济行为，所以资金是土地整治系统调控外来投入的重要形式，其来源通常包括国家、企业和个人。其次，土地整治运行机制也是一项制度安排和政策导向的公益性社会活动，受政策和行为主体的意愿影响也比较大。目前涉及土地整治运行的政策主要有农业发展、城乡建设用地增减挂钩、新农村建设、城乡统筹等；行为主体的意愿主要包括政府意愿和农户意愿，前者将土地整治看作是补充耕地和新建设用地的重要来源，希望通过土地整治补充更多的耕地、腾退出更多的土地用于建设，而后者将土地整治视为改善其生活与生产条件的根本保障，如果其基本需求得不到满足，两个行为主体间的利益博弈就会对系统调控的推进产生很大影响。

科学地认识和分析土地整治的运行过程，将有利于找出其发展变化的规律，进而科学调控土地整治活动。目前我国所开展的土地整治的运行程序在总体上可划分为：土地整治区域的自然与经济社会评价以及在此基础上的土地整治规划；在土地整治规划的方案中选择适宜的土地整治项目及为项目立项进行的可行性研究；对已批准的土地整治项目进行施工工程设计和投资估算以及根据工程设计指标和投资估算进行项目施工；土地整治项目的竣工验收，项目区土地利用的后续管理及土地整治项目的效益评价等（国土资源部土地整治中心，2005）。

尽管我国目前土地整治的重心集中在农用地的综合整治工作上，并形成了土地整治以“田、水、路、林、村”为核心要素的整治特点，但在整治过程中形成的这些理念与经验，不仅是对世界土地整治理论的深化，而且将对我国生态用地的整治具有重要的指导作用。

2. 农地边际化理论

农地边际化是一个内涵极其丰富的动态概念，不同学者对农地边际化的理解并不完全相同。欧洲共同市场理事会（CEC）认为农地边际化情形可定义为经济生产能力处于边际化时的那种状况（Commission of the European Communities，1980）；Bethe 等（1995）认为农地边际化可以被看作是农地收益从多到少的变化，它包括从耕地到永久牧草地、从草地到林地的各种变化；而 Brouwer 等（1999）则认为，农地边际化可以被看成是一种受社会、经济、政治和自然环境等因素综合驱动作用的过程，一种在现有的土地利用和社会—经济结构条件下，农地变得不再具有生产能力的过程。

农地边际化的内涵可以从狭义与广义两个角度进行理解（刘成武，2005）。狭义上讲，农地边际化是指在经济、社会与自然条件等因素共同作用下，农地在当前用途下的无租化现象；土地利用的这种无租化现象，我们称之为农地"低端边际化"。低端边际化的典型例子是利用条件较差的土地的弃耕撂荒。其本质是农地利用的纯收益下降，且处在"小于或等于 0"时的那种状态，用公式表述为式（3－1）：

$$\Delta R=P-C\leqslant 0 \tag{3-1}$$

式中，ΔR 为农地纯收益，P 为农地总产出，C 为农地生产总投入（包括物质成本、劳力成本与其他非生产性成本）。

当 $\Delta R\leqslant 0$ 时，说明农地利用的总产出不能补偿生产成本的投入，农地的经济生产能力消失，现有农地利用方式处在一种"边缘"状态，农地利用的"低端边际化"现象开始出现。

广义上讲，农地边际化还包括这样一种类型，即在当前用途下的经济生产能力持续下降的过程，但其集约边际并未降低到粗放边际，却低于其他可考虑用途的集约边际。这时候，农地用途转移会提高地租产出，这也是某种土地利用被其他用途排挤、滑入边际利用的现象。这种边际化我们称之为"高端边际化"。高端边际化的典型例子是城镇边缘肥沃农田转为更为精耕细作的园地或建设用地。

在农地边际化过程中，农户、企业与国家均会做出相应响应。就农户而言，一部分农户可能会采取变更农地利用类型、改变农地利用方式与加快农地非农化转化等积极的行为方式来与农地边际化现象抗争，一部分农户也可能采取减少农地利用投入、缩小农地利用面积，甚至完全弃耕撂荒等消极方式来应对（刘成武，2009）。农户对边际化作用的响应结果将导致区域土地利用的集约度、播种面积、用途转移与土地经营制度等方面发生重大变化。

农地边际化的结果是农地逐渐变成边际土地。边际土地是那些对所考虑的用途来讲是边际的或次边际的土地，指土地在所考虑的用途的无租边际或粗放边际之下，又叫边际外土地或者外部边际土地。在这种情况下，劳动力和资本最佳投入组合下的土地产出都不能补偿成本。

在农地边际化的识别中，对农地收益变化进行诊断，若逐年下降，并导致农地集约度和面积下降，基本可以判断为出现了农地边际化现象，其过程主要有三个阶段：农地边际化的初始阶段，在这个阶段虽然收益或产量趋于稳定，但由于自然条件的恶化，农地的生产能力下降，导致投入成本增加；农地边际化的中期阶段，在该阶段中农地经营收益和产量降低，农户通过减少农地利用的投入来节省成本；农地的完全边际化阶段，此时农地收益已小于0，在农民温饱和就业问题得到保障的前提下，就会出现撂荒现象。由于受到农地收益、农产品价格因素的影响会导致不同阶段的农地边际化之间的转换（黄利民 等，2008）。

3. 土地系统理论

土地是人类赖以生存的载体，是支撑人类生产、生活的重要自然资源，也是人类的主要劳动对象。土地利用涉及社会、经济、生态环境等多层面的因素，与人口、资源、粮食安全和环境等多个全球性焦点问题存在密切联系（Deng et al.，2006）。土地系统是自然与人类的综合体，除了包括一定领域内的地形、地貌、土壤、基础地质、水文、气候和植被等所有自然因素，还包括过去和目前人类在这一地域范围内的土地利用活动及其影响结果，由生物因素、非生物因素及其相互作用关系组成（邓祥征 等，2009）。土地系统内部各组成要素之间及其与环境之间相互联系、相互依存和制约，土地系统是一个开放的、动态的、分层次的和可反馈的系统，土地系统长期处于一个动态演化的过程之中。

土地系统的演化深受人类活动尤其是土地利用活动的影响。土地利用是指人类根据土地的特点，按照一定的社会、经济目的，采取生物、技术手段，对土地进行的长期性或周期性经营管理和治理改造活动。人类土地利用活动既受土地系统本身条件与资源特点限制，也与社会、技术、经济和历史文化等因素密切相关。根据人类对土地系统的作用程度，土地系统分为原始、半原始、亚人工和人工土地系统，有陆地生态系统、农田生态系统、建设用地和未利用土地的生态系统之别。农业生态系统主要是人类作用的结果，在使用过程中的人，以劳作的方式，促进人与自然的物质上的变换来实现生态系统经济目的；建设用地生态系统是指在生态系统中受到人居环境各种要素相互影响而形成。该系统是一个由土地、自然环境、技术、政策、人等生态因子组合而成的有机整体，系统中的任何一种因子的变化都会使自然界原有的土地生态平衡被打破，尽管土地生态系统自身具有一定的恢复功能，但这个功能是有其自身的限度的，超过了这个限度将不能恢复。

土地系统功能是指土地提供产品与服务的能力。土地系统具有多功能性，从维持人类—环境耦合系统的可持续性考虑，可将土地功能分为经济功能、社会功能和环境功能三大类（Marta et al.，2008），每项功能下又包含若干子功能，子功能又由具体的功能类型组成，形成土地功能体系（表 3-3）。土地的这些功能并不是独立的，其社会、经济与环境功能往往交织在一起使土地具有多功能性（陈睿山 等，2011）。基于土地功能的差异，在土地规划时可将土地分为生态空间、生产空间与生活空间。

表 3-3　土地系统的九大功能

社会功能	经济功能	环境功能
就业支撑能力	居住与独特的生产功能	提供非生物资源的功能
人类健康与娱乐功能	土地为基础的生产功能	支持和供给生物资源的功能
文化功能	交通功能	维持生态系统过程的功能

土地利用与管理的变化影响土地系统的状态、结构与功能，反过来，它们又影响土地生态系统服务的供应与人类的生存。土地利用与管理政策的变化会增加或减少对区域的投资，进而改变区域的宏观经济形势，这种投资变化落实到空间上就是土地开发与土地利用结构的变化，土地利用结构的变化会导致一系列利益相关者受到影响，他们相应地会对这些变化有所响应，反过来影响区域内部的经济与投资等。这些影响最后会反映在土地系统提供产品与生态服务能力的变化上，主要表现在社会、经济与环境三个方面，从而对区域的可持续发展产生影响。

土地生态系统的稳定性主要是指干扰下土地生态系统所产生的不同反应，即生态系统的恢复和抵抗力。土地生态系统所具备的稳定性是由土地生态系统各要素的稳定性所决定的，在这个过程中变化是绝对的，而陆地生态系统的稳定性是相对的，不是绝对的稳定，这是由土地生态系统的稳定性的基本特性所决定的，主要分为时间和空间两个不同的尺度。

土地系统动态变化所产生的效应是多方面的，包括生态效应、环境效应、城市热岛效应等（邓祥征，2008）。生态效应是人类生产活动造成的土地利用结构变化所引起生态系统结构和功能的变化。环境效应是土地系统动态演变过程所引起的环境系统结构和功能的变异，可分为环境生物效应、环境物理效应和环境化学效应。城市热岛效应是由于近年来城市化进程的加快、城市人口的激增、家用车辆和空调设施的普及等因素造成的局部地区温度高于周围温度的现象。

在土地生态系统理论的指导下，开展生态用地整治工作是维护生态系统稳定、保护生物多样性和提升服务功能的关键。

4. 景观生态学理论

景观生态学源于土地研究，研究对象是土地镶嵌体，其应用也以土地利用为主。景观生态学是以人类与地表景观相互作用为基本出发点，研究景观生态系统的结构、功能及变化规律，并进行有关评价、规划及管理的应用研究。按照景观生态学的综合整体表现，土地是一个由不同土地单元镶嵌组成的地理实体，与广义的“景观”概念是一致的，它不仅涉及土地的自然特性，还包含了人类的干预，兼具经济、生态、社会等多重价值。土地利用的目的与管理措施组成了土地利用方式，土地利用方式与土地单元组成了一个土地系统，由不同的土地利用系统镶嵌构成了土地利用的景观或者区域。土地利用系统是一个典型的自然—经济—社会复合景观系统，是人与自然环境相互作用的集中体现。生产性、安全性、保护性、可行性与接受性这五个目标构成了土地持续利用评价的基本框架（张凤荣 等，2003）。景观生态学更强调土地持续利用的目标是多重的，追求多目标之间的优化，而不是单目标的最大化。土地利用涉及地块、土地利用方式、土地利用系统、景观和区域等多个空间尺度，其中景观和区域是土地持续利用最重要的空间尺度（曹顺爱 等，2006）。

空间格局与生态学过程理论指出，结构是功能的基础，功能是结构的反映，景观异质性是其结构的直观表现，间接地反映景观生态系统的内在功能；景观的空间镶嵌结构决定物种、物质、能量和干扰在景观中的流动，只有景观或区域尺度上的空间镶嵌稳定才能实现景观生态系统的稳定。空间镶嵌稳定不仅是一种状态，它还包含着变化过程；通过对景观结构与生态过程相互关系的分析，通过对结构和过程的相互作用分析与模拟，探讨合理的土地利用配置，是土地持续利用评价的基础；任何景观或区域都存在一个土地利用系统在空间上的最佳配置，能达到整个景观或区域的土地持续利用（赵桂镇 等，2007）。景观生态学以人与景观的相互关系为着眼点，既注重景观系统的功能特征，又注重景观系统的稳定性和持续性，与土地资源可持续利用概念具有一致性。景观生态学构成了土地资源可持续利用研究的理论基础之一，而生态用地整治也属于土地资源可持续利用的范畴，因此，景观生态学是生态用地整治的重要理论基础。

景观是地球表面气候、土壤、地貌、生物各种成分的综合体，其内涵与土地生态系统的概念相近，可以认为每一地块就是一个景观单元，或者说景观主要体现在土地生态系统中（喻光明 等，2006）。因此，景观生态学中的丰富度、均匀度、镶嵌度、连接度、边缘、空间格局、多样性等概念在土地整治中具有实践价值，亦可作为评价土地整治效果的具体指标。在土地整治过程中，不能仅立足于短期的、单纯的地块合并、调整、改造，还需依据景观生态学的有关理论进行综合规划设计，保护农村的自然景观，促进生态平衡（王军 等，2011）。当前，我国一些地区的土地整治存在田间大量铺设混凝土路面和沟渠，这种做法无疑减少了绿地面积和生物栖息的场所，损害了水体生态廊道，不仅降低了景观的多样性，也使得区域土地生态系统的结构发生变化，不利于系统功能的稳定与提高。在进行生态用地整治时，应该立足于乡村生态系统结构简单、生态系统脆弱的现状，注意景观多样性的保护与建设，促进系统稳定性的进一步提高。

二、生态用地整治的内涵、对象、目标与任务

基于国内外土地综合整治的经验与启示，本书将从理论上重点梳理生态用地整治的内涵、生态用地整治的关键要素与不同生态用地的整治方向等关键基础科学问题。

（一）生态用地整治概念

关于生态用地整治的概论，目前并没有明确的定义。从国土资源部发布的《土地整治术语》（TD/T 1054—2018）来看，比较接近的概念有“生态型土地整治（ecological land consolidation and rehabilitation）”。生态型土地整治是以“山水林田湖草生命共同体”理论为指导，采用生态环保技术措施实施土地整治，通过土地生态系统的维持、修复与重建，提升生态系统服务与功能，提供绿色产品和优生景观，保护生物多样性，促进人与自然和谐共生。这一概念理念先进，强调生态环保技术的运用，土地整治的生态目标受到重视，但对具体的整治对象与整治要素并没有具体说明。

为此，我们将生态用地整治的概念定义为：

生态用地整治是一种基于全域性视角、按照国土空间规划确定的目标和用途，针对边际农地、废弃宅基地、生态低值地与生态廊道地等不同类型的生态

用地，进行山、水、地、林、草、道等要素的综合整治，是一种强化“山水林田湖草”生命共同体之间的生态联系，提升土地生态服务功能与生态产品生产能力的系统工程。

（二）生态用地整治对象

生态用地整治的对象，理论上应该包括所有的生态土地类型。基于国外土地综合整治的经验，结合我国土地生态整治进展与乡村生态文明建设的迫切性与可行性，现阶段我国的生态用地整治对象应该集中在转型生态用地中的生产功能衰退型、生活（居住）功能消失型与生态功能损毁型土地，以及原态生态用地中的生态功能提升型土地等典型土地类型上。

1. 生产功能衰退型土地

生产功能衰退型土地，指这种土地目前属于农地范围，具有粮食生产功能，但受农地边际化的影响，其粮食生产功能不断衰退，直至沦为边际土地。边际土地是指那些对所考虑的用途来讲是边际的或次边际的土地，指土地在所考虑的用途的无租边际或粗放边际之下。土地利用的这种“无租化”现象本质是农地利用的纯收益下降，且处在“小于或等于 0”时的那种状态。在土地利用上，边际土地是那些对所考虑的用途来讲是边际的或次边际的土地，在这种情况下，劳动力和资本最佳投入组合下的土地产出都不能补偿成本。例如，那些区位条件不佳、土地质量较差（或某些突发事件造成原有质优土地等级大幅度下降）的土地，即便是土地的粮食生产能力得到最佳利用，其经济生产能力仍然逐渐消失，且土地利用的纯收益“小于或等于 0”；受边际化影响，这种土地最终会退出耕地范围，或退耕还林（草、湖），或自然撂荒，从而导致该土地的粮食生产功能向生态功能转型。这种情况在湖北省的丘陵山区比较多见。那些地处山区，通达性较差且土地质量低劣的陡坡耕地、灾毁地等，由于自然环境条件本身的制约，农地变得不再具有经济生产能力，最终退出耕地范围，均是典型的边际土地。

基于这种边际土地的利用现状，可分为撂荒水田与撂荒旱地两种典型类型。在边际土地的整治过程中，根据边际土地的撂荒程度和地理自然条件等差异，应采取不同的整治方式，以实现区域生态环境的好转，维护粮食安全。

（1）边际化的撂荒水田

丘陵山区受到多重因素的限制导致该地区的水田撂荒现象普遍，一方面是由于当地农田基础设施不完善导致水田被荒废，包括沟渠长年失修，农用基础设施损坏多年后没有及时维修，无法发挥其灌溉农田的作用，从而出现弃耕撂荒现象。如图 3-2 所示的撂荒水田，在农地边际化的背景下，水利设施年久失修，优质水田已被弃耕多年。

图 3-2　湖北省通城县五里镇程凤村农地边际化的撂荒水田

另一方面是受自然地理条件制约以及在经济社会的发展中，农村落后的经济已经不能满足当前人们发展的需求，而且单纯依靠农田的收入已经不能满足当前农民生活需求，所以大量青壮年选择外出务工，留在农村的大多是妇女、老人和儿童，劳动力的缺乏导致农村水田大量被荒废。

如图 3-3 所示的撂荒水田，地形平整、土地肥沃，是传统的高产农田，在劳动力缺失、土地流转不畅、种田效益比较低下的情况下，已经撂荒多年。这类土地的荒废，不仅影响国家的粮食安全，而且也增加了火灾等灾害事故的发生危险，不利于区域持续发展，因此有必要进行针对性的整治。

（2）边际化的撂荒旱地

旱地撂荒现象普遍发生于丘陵山地，以坡耕地撂荒最为常见。丘陵山区作为生态脆弱区，地块破碎、坡度大、交通不便等（Baldock et al.，1996），导致坡耕地需要投入更多的劳动和成本，因此坡耕地撂荒现象日益严重（杨庆媛，2003）。由于丘陵山区稀缺的土地资源和脆弱的生态环境，坡耕地的开垦会加速生态环境的恶化（王传胜 等，2012），坡耕地撂荒是农地边际化的一种极端表现形式（李升发 等，2016）。丘陵山区的旱地以坡耕地与低丘岗地为

图 3-3　湖北省崇阳县石城镇农地边际化的撂荒水田

主，从生产条件来看，这些旱地有一定坡度且地块较小、机耕不便、灌溉没有保障，自然灾害风险较大。在农地边际化规律作用下，这部分农地最容易被农户弃耕撂荒（刘润秋 等，2006）。

图 3-4 与图 3-5 所示的是湖北省部分地区的低丘撂荒旱地。研究表明，撂荒旱地的出现不仅会对粮食安全产生影响（Khanal et al.，2006；孙宏岭 等，2009），同时也会影响土壤质量、生物及景观多样性，出现山火的概率增大，不利于生态环境的保护（Díaz et al.，2011；巩杰 等，2004），坡耕地与生态环境的协调性是协调人地关系的关键所在。针对撂荒地，尤其是丘陵山区撂荒坡耕地的整治工作，能有效减少水土流失和自然灾害的侵蚀，改善土壤肥力，也是土地生态系统恢复和维护生物多样性的契机（Chazdon，2008；Aide et al.，2012）。

2. 生活（居住）功能消失型土地

生活（居住）功能消失型土地，主要指废弃宅基地。宅基地是指用于建造房屋的土地，也包括建过房屋但已不能居住的土地。废弃宅基地是指由于各种原因，未能充分发挥功能最终被荒废的宅基地，包括长时间因无人居住而破旧、破坏和倒塌导致而不再具备居住功能的宅基地，同时在人口的流动过程中，随着人口的搬迁而遗留和闲置的宅基地，除人为因素外，也包括受到自然灾害因素的影响而损毁、荒废的宅基地或旧村庄（王飞虎 等，2011）。

图 3-4　湖北省广水市杨寨镇农地边际化的撂荒旱地

图 3-5　湖北省咸宁市咸安区撂荒旱地

在城市化与农地边际化的双重作用下，在我国部分丘陵山区存在严重的“被边缘化”迹象，乡村人口大量外迁，出现了“空心化”的乡村。在这些被边缘化的“空心村”或者“空心居民点”，原有村民或已入城或外迁至其他新的居住点，村民原有的房屋出现长期性的闲置。在无人居住与无人打理的情况下，很多房屋尤其是一些老的土坯房已经出现破损甚至倒塌，房前屋后杂草丛生，村落一片衰败景象，如图 3-6 所示。这些废弃的房屋，其居住功能已经消失，对应宅基地的功能也需要转型调整。

图 3-6　湖北省通城县五里镇程凤村废弃宅基地

3. 生态功能损毁型土地

生态功能损毁型土地，是指那些因人类活动或者自然灾害等因素引起生态功能退化、需要整治修复的土地，包括矿山废弃土地、污染场地与灾害损毁土地等类别。

（1）矿山废弃地

矿山废弃地是指在采矿或采石过程中所破坏的未经一定处理而无法使用的土地（图 3-7）。人类的开发矿山活动，尤其是露天开采，严重破坏了山坡土体结构，加上大型采矿设备的重压导致地面塌陷、裂隙产生。而土壤中的营养元素也随着裂隙、地表径流流入采空区或洼地，造成许多地方土壤养分短缺，土壤承载力下降，造成土地贫瘠、植被破坏，最终导致矿区大面积人工裸地的形成，使水土更易移动，水土流失加剧。矿山固体废渣经雨水冲刷、淋溶，极易将其中的有毒有害成分渗入土壤中，造成土壤的酸碱污染（主要是强酸性污染）、有机毒物污染与重金属污染。由于地下采空，影响了山体、斜坡的稳定性，从而导致地面塌陷、开裂、崩塌和滑坡频繁发生，泥石流发生的概率增大。这些土地在矿山开采过程中，其土地形态、结构与功能发生显著变化，多种污染物浸入其中，在矿物资源开发枯竭以后，导致土地非经治理而无法使用。

图 3-7　湖北省黄石市铁山区正在整治修复的矿山废弃土地

根据《2012 中国国土资源统计年鉴》统计，我国每年开采矿石总量达到 93 亿吨，每年压占、损毁土地约 20 万 hm^2，矿山累计破坏土地达 450 万 hm^2（中华人民共和国国土资源部，2012）。矿山开发引起地表沉陷、裂缝、滑坡、崩塌等地质灾害，导致绿色植被受破坏、地表水体污染、地下水资源枯竭，致使矿山大量农田荒芜、基本设施损毁、各种污染严重。在新时代生态文明建设过程中，这些土地都需要治理修复，可见我国矿山生态修复、土地复垦和环境治理任重道远（张绍良 等，2014）。

（2）污染场地

污染场地（contaminated site）是指因堆积、储存、处理、处置或其他方式（如迁移）承载了有害物质，对人体健康和环境产生危害或具有潜在风险的空间区域（谢剑 等，2012）。具体来说，该空间区域中有害物质的承载体包括场地土壤、场地地下水、场地地表水、场地环境空气、场地残余废弃污染物如生产设备和建筑物等。按照主要污染物类型划分，我国污染场地大致可分为重金属污染场地（主要来自钢铁冶炼企业、尾矿以及化工行业固体废弃物的堆存场，代表性的污染物包括砷、铅、镉、铬等），持久性有机污染物（POPs 主要有滴滴涕、六氯苯、氯丹与灭蚁灵等）污染场地，以有机污染为主的石油、化工、焦化等污染场地（污染物以有机溶剂类，如苯系物、卤代烃为代表）与电子废弃物污染场地等类型。

污染场地不同于一般意义上的土地污染。土地污染是土地因受到采矿或工业废弃物或农用化学物质的侵入，恶化土壤原有的理化性状，使土地生产潜力减退、产品质量恶化并对人类和动植物造成危害的现象和过程（张所续，2014）。土地污染修复，特别是耕地的污染修复，一般是通过土壤修复来恢复农地的生产功能；而污染场地的整治修复由于污染复杂、严重，已不适合农业生产，基本上不以农地利用为整治目标，而多以土地生态功能修复为主要价值取向。

（3）灾害损毁地

灾害损毁地是指那些因洪水与滑坡等自然灾害影响而导致土地现状利用功能衰退甚至消失的土地。在受灾程度较轻的情况下，一般以土地现状用途为修复目标。如图 3-8 所示的崇阳县石城镇洪水灾害损毁土地，损毁前是种植水稻的农地，受洪水冲毁影响，农地上面已堆满砾石、沙土，原来成熟的水稻土遭到严重破坏，也因此已处在撂荒状态。如果灾情严重，例如，洪水严重冲毁的农地，原有耕作土壤已被沙石完全覆盖、破坏，土地作为农业生产利用的功能已经消失，这种土地需要转型使用，宜以生态利用为整治目标。

图 3-8　湖北省崇阳县石城镇洪水灾害损毁的农地

据有关部门的统计，我国耕地每年因各类灾害损毁的土地大致在 100 万亩左右（王超，2009）。在自然灾害损毁土地中，滑坡灾害在其中占有相当的比重。根据农田损毁机理的差异，滑坡灾害损毁的农田类型可分为碎裂型、溃散型、压埋型和冲蚀型等典型损毁类型（陈立川 等，2015）。这些灾害损毁土地不仅直接影响当地的农业生产，而且也严重威胁当地的生态安全，需要及时进行因地制宜的整治。

4. 生态功能提升型土地

(1) 生态低值地

生态低值地在农村地区较为常见，包括依法归农民集体使用的“四荒地”和农民集体经济组织所有的“四荒地”，具体为荒山、荒沟、荒丘、荒滩等未利用的土地，属于现行经济环境中未得到充分、合理、有效利用的土地。从土地的适宜性与多功能性来看，这些荒地目前作为农地与建设用地利用的可能性较小，发挥其生态功能是比较现实的选择。但是，这些荒地目前多处于“自生自灭”状态，土地的生态服务价值较低，生态景观单一，如图 3-9～图 3-11 所示。

图 3-9　湖北省崇阳县肖岭乡低效利用的荒山

图 3-10　湖北省通城县沙堆镇低效利用的荒丘

图 3-11　湖北省广水市杨寨镇丁湾村低效利用的荒丘

在人为干扰与整治的情况下，这些土地的生态服务价值可以大幅提升，农村土地景观格局也可以进一步优化与美化。

（2）生态廊道地

生态廊道是一个生态学概念，它是指不同于周围景观基质的线状或带状景观要素。生态廊道主要由植被、水体等生态性结构要素构成，它和绿色廊道表示的是同一个概念。生态廊道具有保护生物多样性、过滤污染物、防止水土流失、防风固沙、调控洪水等多种功能。按照生态廊道的主要结构与功能，可将其分为线状生态廊道、带状生态廊道和河流廊道三种类型（图 3-12）。

图 3-12　广水市桃园村水体生态廊道（左图为线状，右图为带状）

生态廊道理论强调物种之间的生态联系，对土地综合整治工作具有重要的理论与现实指导价值。我国土地利用的基本模式是以家庭为单位承包经营土地，承包土地的开垦率极高，农户与农户之间的地块没有公共性的生态廊道，地块与地块之间的生态联系不紧密。近年来，我国基于项目区的土地整治工作，比较好地解决了项目区内土地平整、水渠联通、道路成网的问题，达到了“增地”与“增产”的效果。但是，项目区与项目区之间的内在联系结合不紧密，区与区之间的生态廊道没有搭建起来，单个土地整治项目的可持续利用受到影响。所以，在土地综合整治过程中，要重视地块与地块之间的生态联系，要着手解决田与田、地与地之间“廊道型”土地的生态整治工作，重构区域尺度上生态廊道关系网络，为区域土地资源的可持续利用与生物多样性提供生态保障。

（三）生态用地整治目标

生态用地整治以国家持续发展为战略目标，在整治过程中分别实现生态、经济与社会三个层面的目标。

1. 生态用地整治的生态目标

生态用地整治的生态目标，是指通过生态用地整治项目的实施，改善项目区的生态环境，提升土地的生态服务价值，从而实现乡村生态发展的目标。生态用地整治实现生态发展目标主要体现在以下三个方面。

一是通过对边际土地的整治，将一部分真正边际化的农地转型为林（草）地，新增了生态用地的面积，从而带来生态用地规模扩大的生态效应。例如，在一些农地边际化程度严重的丘陵山区，一部分坡耕地已经沦为真性边际化土地，通过项目整治实现用途转型，直接增加了林（草）用地面积。二是通过对低效生态土地的整治，提升现有生态土地的生态服务价值。例如，在广大农村地区存在的“四荒地”，目前处在一种低效利用的状态，通过生态项目整治，提高生态土地的林（草）绿化度，从而提升生态土地的生态服务功能与生态产品的供给能力。三是在生态用地整治过程中，通过对生态廊道用地的整治与修复，强化地块与地块、田块与田块、区域与区域之间的生态联系，通过“山水林田湖草”的系统治理，构建区域尺度上的生态廊道和生物多样性保护网络，提升生态系统质量和稳定性。

2. 生态用地整治的经济目标

生态用地整治的经济目标，是指通过生态用地整治项目的实施，带动项目区的增产增收，从而实现乡村经济发展的目标。生态用地整治带来的经济发展主要体现在以下三个方面。

一是通过对边际土地的整治，改善边际土地的耕作条件，重新激活边际土地的农业生产功能，提升区域土地的粮食生产能力，达到"保地增产"的效果，从而实现土地增产、农户增收的经济目标；二是通过对乡村废弃宅基地的整治与开发，激活废弃宅基地"沉睡"的经济价值，在城乡一体化土地市场中，对接城市建设的"增减挂钩"办法，盘活乡村存量废弃宅基地，为农户增收与乡村振兴筹措资金；三是在生态用地整治之后，土地生态系统的生态服务价值与生态产品的供给能力均会提高，而生态土地系统的生态服务与生态产品可以通过市场化交易路径来实现其经济价值（张英 等，2016），跨区域的生态服务交易与生态补偿等，均会带来一定的经济收益。

3. 生态用地整治的社会目标

生态用地整治的社会目标，是指通过生态用地整治项目的实施，改善项目区的生活环境，美化与丰富乡村的景观，提升乡村生态宜居的满意度，从而实现乡村文明发展的目标。生态用地整治的社会价值主要体现在以下三个方面。

一是在废弃宅基地的整治过程中，不仅可以产生明显的经济价值，而且还可以解除废弃旧宅对村民生命安全的威胁，也可以通过对特色村落景观的保护与打造，一改乡村的衰败面貌；二是通过生态用地项目整治，将乡村房前屋后零碎、闲置的土地或归并为农地或归并为林、草、水等生态用地，或规划为乡村公共设施用地，乡村的生态环境与村民的生活环境都将得到显著改善，从而推进乡村生态文明的建设；三是生态土地整治之后，项目区的生态环境状况整体改善，地区的生态资产大幅度增加，项目区得到的地区间横向生态补偿也会显著增加，这将大大促进乡村社会的发展（刘新卫，2016）。

（四）生态用地整治任务

我国已步入新时代，党的十九大报告提出，坚持人与自然和谐共生，统筹山水林田湖草系统治理，实施重要生态系统保护和修复重大工程，优化生态安全屏障体系，构建生态廊道和生物多样性保护网络（习近平，2017）。从我国土地利用的现状来看，要实现生态用地整治的生态、社会与经济发展三大目标，当前的生态用地整治需要完成以下主要任务：

1. 做好边际土地的转化工作，维持边际土地的粮食生产能力

在工业化与城市化过程中，农地出现边际化是一种正常的现象，有其内在的必然性。在这一过程中，部分农地不可避免地沦为边际土地，并在区域土地利用上表现为粗放利用，甚至弃耕撂荒。农地的这种变化不仅导致农业生产的

播种面积下降，影响区域粮食生产能力，而且还会对土壤质量、生物及景观多样性等产生负面影响，不利于区域生态环境的建设。因此，在生态用地整治过程中，有必要因地制宜做好边际土地的转化工作，分别达到生态用地整治的目标。

从我国目前情况来看，边际土地主要出现在我国的丘陵山区。各个地区出现弃耕撂荒的边际土地，其自然条件与社会条件各不相同，从农地再利用的潜在可能性来看，这些边际土地面临两个方向的转型：一部分自然因子限制性较强、区位交通不便、规模较小的边际土地，尤其是那些弃耕的旱作坡地，其复耕的可能性较小，宜向生态用地方向转型，要通过林、草等建设措施，为区域生物多样性与生态文明建设助力，达到提升区域土地生态服务功能的目标；另一部分自然条件与社会条件较好、规模相对较大的边际土地，例如，南方丘陵山区中的“冲田（水田)”，在改变外部耕作条件的情况下，有较大的复耕可能性，这些边际土地的整治方向是农地利用，要通过“田、水、路、林（草)”等要素的土地整治，大力改善农田的生产条件，即使近期不开发利用，但也要维持土地的粮食生产能力，达到“藏粮于土”的整治目标。

2. 强化农地之间的生态联系，提升区域土地资源的可持续利用能力

我国现阶段的土地整治项目主要以地块为基本单元，整治的内容主要集中在地块之内。在微观视角上，项目整治的要素具体、目标明确，达到了项目整治的要求。从宏观视角来看，这种整治忽视了地块与地块之间的联系，忽视了地块与区域土地生态系统其他要素之间的内在联系，从而在实践中出现了单个土地整治项目达标，但区域土地可持续利用的条件存在的问题并没有得到有效改善，有的地方甚至出现了区域生态恶化的现象。有的土地整治项目在实施过程中，项目区内的水利排灌设施规划合理，配套齐全；但是，项目区与项目区外的水生态廊道的关系如何处理等缺乏整体规划，项目区与项目区之间的生态联系被忽视了，出现水生态廊道（河流等）改造不当、河道硬化过度等问题，对区域河道自然原貌的干扰过大，不利于水生物繁衍和生存，“三集中”式的集中排水会容易对水环境造成严重的污染（艾东 等，2007；徐翠兰 等，2010)。农地与农地之间的林（草）地，是多种生物的栖息地；地块之间连续的林（草）地往往是生物活动与迁移的重要廊道，对生物的多样性具有重要意义。在土地整治过程中，这些林（草）地往往成了新增的耕地，区域植被覆盖率和覆盖程度降低，连续的动植物生境被一分为二，成了动植物生活生存的屏障（李子田 等，2007)，加上对生态环境保护重视程度不够，导致动植物种类

减少、数量下降，生物多样性减少（王军 等，2011）。因此，瞄准地块之间的生态联系，以生态环境保护为出发点，重构区域农地之间的生态联系，不仅可以在微观上进一步改善农田地块的生产条件，而且可以在区域尺度上强化农地之间的生态联系，为区域农地资源的可持续利用提供强有力的支撑。

3. 整治废弃宅基地，保护特色村落景观，美化乡村人居生态环境

我国开展的生态型土地整治对乡村景观特征的提升、乡村休闲旅游的发展以及乡村基础设施和生活条件的改善等方面愈加重视，土地整治成为提高乡村景观审美、促进乡村娱乐和生态旅游的重要手段（王军 等，2018）。我国许多村落历史悠久，不仅有一些传统的特色建筑、桥梁与文化景观，有的地方还有一些名贵的古老大树。在废弃宅基地的整治过程中，要对这些景观进行开发性保护，让这些景观成为新农村建设中的亮点。加大对废弃宅基地的整治力度，能有效改善农村生态景观，打造生态宜居乡村。

根据中国科学院 2013 年的测算，全国宅基地共有 2.7 亿亩，而空置的约有 1.14 亿亩，占到了四成以上；农村地区有 10%～15%的土地被闲置（祁全明，2015）。废弃宅基地不仅会影响人居安全，也会导致土地资源的大量浪费；濒临倒塌的旧宅影响人类正常的生产、生活，对当地的生态环境产生不利影响；在一定程度上加重了农村“脏、乱、差”的程度，严重影响美丽乡村建设。在乡村废弃宅基地的整治过程中，我们要根据宅基地占有土地的类型进行适宜性用途评估。如果废弃宅基地分布在农地中间，且与周边农地的土地类型一致，在空间上有较好的融入性与整体性，则宜将废弃宅基地整治成农地；如果废弃宅基地分布在坡前或坡上，与原有山体有较好的一致性与融入性，则宜将这种废弃宅基地整治成生态用地，恢复成原有山体的林（草）景观。

4. 整治生态低值地，提升区域土地的生态服务功能

以“四荒地”为代表性的生态低值地，在我国丘陵山区较为常见，属于现行经济环境中未得到充分、合理、有效利用的土地。受人为不合理利用以及自然地理环境的制约，这些土地植被覆盖率低或处于裸露状态，土地的生态服务价值较低，生态景观单一。有的地区甚至因此水土流失严重，土壤出现石漠化、沙化现象。从土地的适宜性与多功能性来看，这些荒地目前作为农地与建设用地利用的可能性较小，发挥其生态功能是比较现实的选择，宜对这些土地进行生态用地整治。在人为干扰与整治的情况下，这些土地的生态服务价值可以大幅提升，农村土地景观格局也可以进一步优化与美化。

综上所述，对生态用地的整治，不仅可以实现增地与强地的目标，而且还

可以改善、美化乡村人居环境，提升区域土地的生态服务功能。

三、生态用地整治的关键要素

从我国土地整治的现状来看，土地整治主要围绕“田、水、路、林、村”五大要素来进行整治。生态用地整治是土地整治的升级版本，在整治要素上与土地整治的要素有相同之处，但生态用地整治更加强调生态系统的修复与生态功能的提升，因此，生态土地的整治要素与整治方向不同于常规的土地整治，其整治对象主要围绕“山、水、林、田、湖、草”生命共同体系统来展开，整治要素主要包括“山、水、地、林、草、道”等核心要素。

（一）生态用地整治之“山”要素

山者，吞云吐雾，凝聚水分，涵养土壤。我国是一个多山的国家，丘陵山地与高原面积占总土地面积的 2/3 以上。丘陵山地既是我国林地、草原的主要分布区，也是我国重要的农业生产区。从丘陵山地的土地利用现状来看，既存在大量低效利用的荒丘、荒山，也存在很多待复垦的矿山土地，这些低效利用的荒丘、荒山与待复垦的矿山土地，目前处在一种低效利用甚至闲置的状态，不利于当地生态环境的建设与社会经济的发展（乔思伟，2018）。这些以山为特征的要素，都需要整治。通过对“山”的整治，增加荒丘、荒山植被的覆盖度，提升其生态服务功能。

（二）生态用地整治之“水”要素

水者，滋润田地，使之永续利用。围绕“水”这个核心，从宏观与微观视角重建土地资源系统的水生态联系。土地整治主要侧重于“地块与沟渠”的关系；生态用地整治主要侧重于“地块与区域、区域与流域”之间的关系，注重“地表与地下”之间的水利联系，目标是建立区域农田系统之间的水生态联系，为区域土地资源的持续利用提供良好的水生态环境。具体来说，生态用地整治中的“水”要素，既包括田地之间的灌溉沟渠，也包括区域之间的水生廊道，如塘、库、江、河、湖等水体。生态用地整治中的“水”要素的整治，以水生态修复为目标，要以保护、建设良好的生物生存环境与自然景观为前提，采用生态护岸、自然弯曲河道等修复技术，不是单纯的污染治理和水泥硬化河道（王夏晖 等，2018）。

（三）生态用地整治之“地”要素

地者，出产谷物，人类赖以壮阳生命。“地”作农用时与“田”的内涵相同，是典型的农地类型，以水田、旱地为代表，是传统土地整治的核心要素。生态土地整治中的“地”特指工业化与城市化过程中被边际化的农地，以边际旱地、边际水田与边际宅基地（废弃宅基地）为主。其中，旱地以坡耕地最为常见。第二次全国土地调查结果显示，中国6°以上的坡耕地面积占全国耕地总量的27%。坡耕地因地理区位、土地条件及不利于机械化的耕作条件等因素影响，在快速城镇化和工业化发展过程中被边际化和撂荒的可能性很高，已经沦为边际土地的“坡耕地”与“撂荒水田”是生态用地整治的重点。此外，广大农村地区大量闲置甚至废弃的宅基地也是生态用地整治的关键要素。

（四）生态用地整治之“林”要素

树木依赖阳光雨露，郁郁葱葱，在生态系统中是最基础的生产者。生态用地整治之“林”是指以森林为代表的土地生态系统。林是土地生态系统的重要组成部分，既大量存在于丘陵山区之上，也广布于农地之间，如农田间的各种防护林。“林”要素整治的重点是分布在农地之间及其周边地区的宜林利用的土地，而这些土地目前既没有纳入林业部门重点管辖的范围，也没有受到农业部门重视，在土地利用上目前处在一种低效利用的状态。生态用地整治中的“林”要素整治主要通过植树造林等绿化工程，构建农地与农地之间、区域与区域之间的生物廊道，改善区域生物多样性良性发展的生态条件，提高土地系统的绿化度，改善土地生态环境，提升土地资源的生态服务功能与生态产品的供给能力。

（五）生态用地整治之“草”要素

草本植物中的“草”与木本植物中的“树”一样，也是生态系统中最基础的生产者。生态用地整治之“草”要素，落脚在草地上。草地是生长草本和灌木植物为主并适宜发展畜牧业生产的土地，它具有特有的生态系统。草地生态系统具有防风、固沙、保土、调节气候、净化空气、涵养水源等生态功能。草地生态系统是自然生态系统的重要组成部分，对维系生态平衡、地区经济、人文历史具有重要地理价值。我国各类草地面积达4亿hm^2，约占全国总面积的23.5%。生态用地整治中的“草”要素，既包括集中连片的草原、草甸、稀树干草原，也包括广泛分布于农区、城区与乡村居民点周围的零碎型草地，其整治重点是草地生态系统的修复与草地生态景观的重构，以达到草地生态系统功能的提升与草地景观的生态美观化。

（六）生态用地整治之“道”要素

生态用地整治之“道”是指生态廊道。生态廊道包括水体生态廊道与陆地生态廊道。生态廊道常有线状、带状特征。水体生态廊道由沟、渠、河流、湖泊、塘、库等基质景观构成，是水体生态系统生命孕育的载体；陆地生态廊道由林地、草地等土地景观类型构成，是陆上生物迁移的通道与繁殖的场所。通过生态廊道土地的整治，不仅可以改善不同地块乃至区域之间的原本孤立的生态环境，建立生态联系，而且可以有效整治和优化农村生态环境，提升整体区域的生态服务功能和生态价值，促进农村地区的健康发展。

值得注意的是，这里所说的生态廊道土地整治，是微观与宏观视角相结合的整治，既兼顾项目区内的常规要素的整治，也从区外更大的尺度上（如流域尺度）考虑项目区内的整治要素与区外的要素有机联系，形成区域或流域尺度上的有机生态网络。例如，项目区的水系安排要考虑与流域尺度上水系的无缝对接。一般来说，现有土地整治关注更多的是项目区内的要素合理性问题，而对这些要素与区外宏观要素之间的联系关注不够，这也是造成现实中区内整治项目验收合格而综合整治效果不佳难以获得老百姓认同的主要原因。而通过流域视角的水系关系、区域间的生态联系等尺度更大视角的整治，项目区内与区外之间各整治要素之间的联系将融为一体，区域生态环境的整体性和生态联系得到加强。

四、不同类型生态用地的整治方向

基于生态土地类型的多样性与复杂性，结合湖北省生态土地利用的现状，本书以边际土地、废弃宅基地、生态低值地与生态廊道地为典型代表，分别讨论其适宜的整治方向。

（一）边际土地的整治方向

在农地边际化过程中，边际土地主要表现为边际水田与边际旱地两种类型，其整治方向如图 3-13 所示。

1. 边际水田的整治方向

边际水田多出现在丘陵山区，土地质量整体尚可，具备一定的粮食生产能

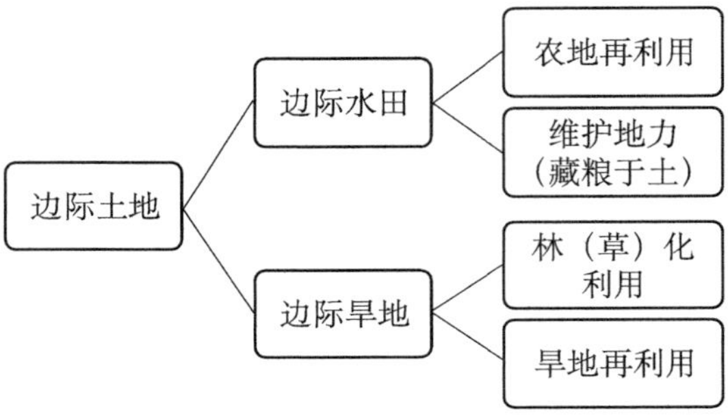

图 3-13　边际土地的整治方向

力，但地块间肥力差异较大，且所处区位不便，田块面积较少，水田灌溉与机耕条件较差，在农地流转不畅的情况下，目前处在一种弃耕撂荒状态。根据边际水田在空间上的区位及面积大小的差异，其整治可分为两个方向。

一是对于那些土地质量较好且在空间上相对集中的边际水田，通过田、水、路等核心要素的综合整治，改善边际水田的农业生产条件，通过农地流转等手段，让边际水田再利用起来。如图 3-14 所示的撂荒水田，通过土地整治与土地流转等手段可以很快将边际化的水田利用起来。

图 3-14　湖北省通城县关刀镇撂荒水田

二是对于那些区位较远，农地流转困难较大，目前暂时难以利用的边际水田，通过水、路等核心要素的整治，保护这些边际水田复耕的可能性，维护其粮食生产能力，实现藏粮于地。如图 3-2 所示的通城县五里镇程凤村的撂荒水田，在目前的情况下，土地重新利用的可能性较小，但这些撂荒水田土地质量还较好，还具有较大的粮食生产能力，需要我们去维持这些土地的粮食生产能力。

2. 边际旱地的整治方向

边际旱地以丘陵山区的坡地为主，地块间的区位条件、土地质量与耕作条件不一。从目前利用现状来看，有的已经退耕还林，有的处在撂荒状态。根据边际旱地地块的条件差异，其整治方向有二：那些相对平坦、面积较大、机耕条件相对较好的边际旱地，通过地、水、路等要素的综合整治，改善旱地的农业生产条件，激活旱地的再利用。如图 3-15 所示的撂荒旱地，通过土地整治可以恢复这些旱地的农业生产功能。

图 3-15　湖北省崇阳县石城镇农地边际化后的撂荒旱地

其他的边际旱地，通过林（草）、道等核心要素的整治，实现边际旱地向生态林（草）地的转型，提升这些旱地的生态服务功能。如图 3-16 所示的撂荒旱地，在整治过程中宜恢复这些旱地的生态用地功能。

（二）废弃宅基地的整治方向

从废弃宅基地出现的地貌条件来看，有的分布在冲田或者小盆地、小平原等地势平坦的地方，周围都是农田；有的分布在山坡前或者山坡上，屋后多山。根据废弃宅基地所处区位的地学差异，其可分为农地型废弃宅基地、生态型废弃宅基地与建设型废弃宅基地三个不同的整治方向（图 3-17）。

图 3-16　湖北省通城县沙堆镇农地边际化后的撂荒旱地

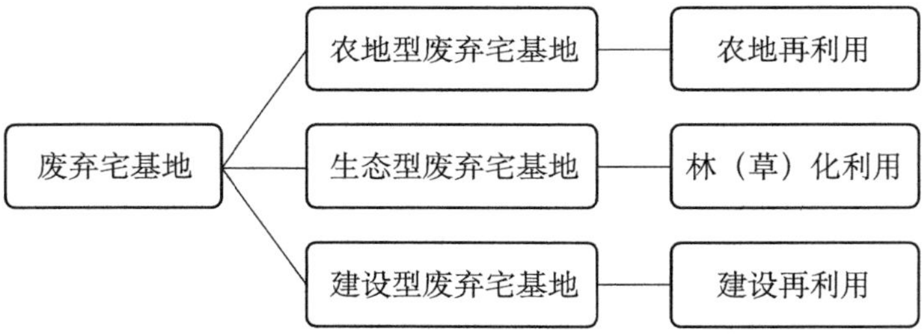

图 3-17　废弃宅基地的整治方向

1. 农地型废弃宅基地的整治方向

那些地处平地，周围都是农地的废弃宅基地，通过对"地"的整治，将它归并到现有农地之中，实现废弃宅基地的农地再利用转型。如图 3-18 所示的水田中的废弃宅基地，通过整治实现宅基地的还田，恢复土地的农地生产功能。

2. 生态型废弃宅基地的整治方向

那些地处丘陵山区的山坡型废弃宅基地，与原有山体有较好的融入性，通过房屋拆除等工程措施，进行林（草）化整治，恢复这些废弃宅基地的生态功能。如图 3-19 所示的山丘上的废弃宅基地，宜进行宅基地向生态用地的转换整治，恢复这些宅基地的生态功能。

图 3-18　湖北省通城县五里镇水田中的废弃宅基地

图 3-19　湖北省通城县五里镇程风村山丘上的废弃宅基地

3. 建设型废弃宅基地的整治方向

那些宜作为村民建宅或者村集体建新农村点的废弃宅基地，通过美丽乡村建设规划、废弃房屋拆除、宅基地归并与平整、基础设施配套等工作，通过对路、水、网、林、草与特色文化景观等要素的整治，恢复这些废弃宅基地的再建设功能，为新农村建设与村民居住提供生态宜居的宅基地。

（三）生态低值地的整治方向

生态低值地以荒山、荒沟、荒丘与荒滩为典型代表，目前处在一种低值利用状态。荒山、荒丘的整治与荒沟、荒滩的整治方向不同，如图 3-20 所示。

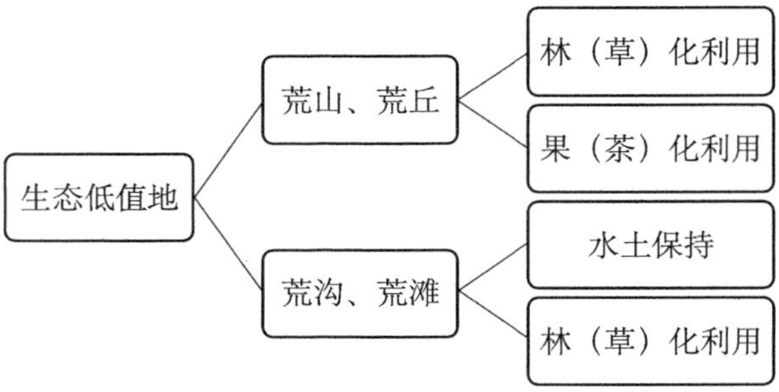

图 3-20　生态低值地的整治方向

1. 荒山、荒丘的整治方向

荒山、荒丘的整治可分为两个方向。

一是对土地条件较好，宜进行果、茶等开发的荒山与荒丘，通过地、水、路等要素的综合整治，进行果（茶）化开发利用，如图 3-21 所示的荒丘经过土地整治后成为长势良好的茶园。

图 3-21　湖北省通城县沙堆镇港背村荒丘整治后的茶园

二是多数荒山与荒丘宜进行林（草）化整治，提升其生态服务价值。如

图 3-22 所示的荒丘，水土流失严重，宜对裸露的荒坡地实行乔、灌、草相结合的水土保持综合整治，针对植被覆盖单一或稀少的荒坡地通过建设沉沙坝（塘）及植被恢复等措施实现区域生态好转，提升生态服务功能。

图 3-22 湖北省通城县沙堆镇低效利用的荒丘

2. 荒沟、荒滩的整治方向

荒沟与荒滩的整治以林（草）化整治与水土保持为主，提升这些土地的林（草）覆盖度，强化水土保持与生态服务功能。在一些水土流失较为严重的地区，可以在荒沟布局一些水土保护的大坝，进行水、沙拦蓄；而对于一些地势较低、水源充沛的荒沟、荒滩，可以通过一些工程措施进行开挖，整治成生态湿地或者人工水塘，进行鱼藕混养或鱼、猪、鸭等综合养殖，在增加湿地面积、提升湿地生态功能的同时，充分发挥其经济效益。

（四）生态廊道地的整治方向

生态廊道相异于周围人工景观基质，不同于非自然生态的基本构成元素，具有保护生物多样性、物种多样性、防风固沙、防止水土流失、调节蓄排洪水等基本的自然生态功能。生态廊道起到了连接作用，原本生物完整的栖息地，因为人类的需要被打破，变得破碎。生态廊道的修复较好地体现了人类弥补自然的一种积极态度，重新连接起生物的栖息地，加强不同地块生物的沟通与发展。基于生态廊道地可分为水体生态廊道与陆地生态廊道两种基本类型，其整治的重点与方向有所差异，如图 3-23 所示。

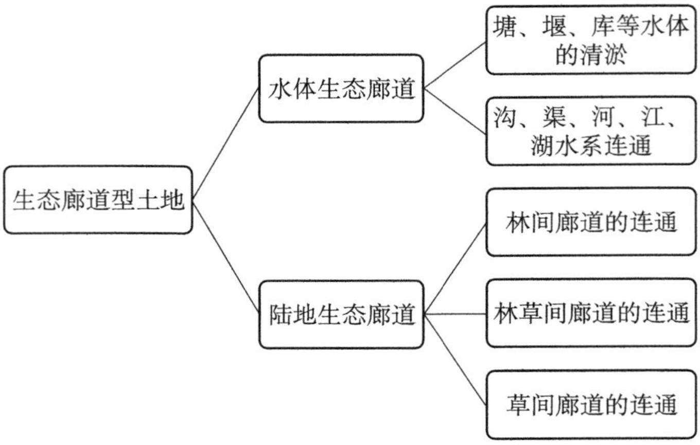

图 3-23　生态廊道地的整治方向

1. 水体生态廊道的整治

水体生态廊道的整治有两个重点。

一是对现有塘、堰、库等水体进行清淤与坝体维护，提升这些水体的蓄水能力。如图 3-24 所示的水塘原来是黎明村四聂湾居民生活用水的水塘，承担其周边农田的灌溉任务，有沟渠与其他水系连通。在人口大量外出务工与村落空心化的影响下，水塘从水草化到严重淤积已有十多年。村民的生活污水受淤积影响不能正常外排，已成污水横流、恶臭难当之地。村民特别期待对这些水体进行清淤整治。

图 3-24　湖北省云梦县黎明村四聂湾淤积的水塘

二是对现有沟、渠、河等水系进行连通性整治，重构区域水体之间的水生态联系。在很多边际化严重地区，不仅原有水塘出现图 3-24 中的淤积与水草化现象，而且水塘坝下的灌溉水渠年久失修，原有沟、渠、河等水系连通不畅（图 3-25）。

图 3-25 所示的水田在撂荒多年的情况下，左侧的沟渠与两旁的道路已失修多年，不仅原有水体生态廊道的生态栖息环境受到破坏，而且还导致水系的泄洪能力受到严重影响，出现洪水冲毁农田的现象，因此，需要对现有沟、渠、河等水系进行连通性整治，重构区域水体之间的水生态联系。

图 3-25　湖北省通城县程风村撂荒农地区的沟渠

2. 陆地生态廊道的整治

陆地生态廊道是异于周边基质环境的狭长形地带，是生态系统中实现各类栖息地在空间上有效连接的线性或带状生态空间类型。根据不同的空间尺度和保护对象，生态廊道可以分为两种（李王鸣 等，2010）：一是宏观尺度，称为大廊道，主要起连接大型保护区及重点保护区的作用，保护对象主要是低密度分布物种；二是微观尺度，称为小廊道，指连接小面积保护区的保留带以及河旁保护带等宽度较窄的廊道，以利用廊道的小型动物为保护对象。不同尺度生态廊道对数目、构成、连续性、宽度等要素的要求有很大差别。下面分别从城市与乡村两个视角分析陆地生态廊道的整治重点。

城市生态廊道是在城市生态环境中呈线性或带状布局的，能够沟通连接空间分布上较为孤立和分散的生态景观单元的景观生态系统空间类型。包括城市内部的生态廊道和城市内外的生态连通道，市域范围内主城与各个组团之间以及各个组团之间的生态隔离带等（余凤生 等，2018）。城市生态廊道不仅仅是道路、河流或绿带系统，从空间结构上看，更主要的是指由纵横交错的廊道和生态斑块有机构建的城市生态网络体系，使城市生态系统基本空间格局具有整体性，系统内部高度关联性。城市生态廊道的重要结构特征包括廊道长度、廊道宽度、廊道曲度、内部主体与道路的连接关系、周遭嵌块体的位置与环境坡度、廊道的时序变化、生物种类、植物密度等（刘玥玮 等，2010）。城市生态廊道整治以区域内的山脉廊道与道路型生态廊道为重点展开。山脉廊道是城市规划中严格控制的非建设用地，应加以保护，禁止挖山、采石、滥砍滥伐林木等破坏行为，对已破坏的地区进行生态恢复，提高山体植被的覆盖率，建设连续的山脉廊道体系。道路廊道是人们体验周围环境的直接途径，也是城市社会经济活动的主要纽带。在城市交通道两侧设置一定宽度绿化带起到分隔交通、净化空气、减少噪声、美化城市的作用。在绿化设置中，首先要确定道路总宽度中以何种方式布置占有一定比例的绿地。

广义视角的乡村生态廊道既包括城市范围之外的自然山水、自然保护区等地域尺度上的生态栖息地及不同山水之间的植被景观地带，也包括地块尺度上的绿带绿道。自然山水是乡村大地上最丰富的景观风貌，起伏的山脊线、蜿蜒的水岸线等构成了乡村独有的空间结构和土地肌理。而近年来乡村地区进行的高强度开发，使乡村自然山水资源受损、生态环境恶化的现象越来越严重。作为景观生态学中廊道范畴的绿道可串联区域内的山体、河流、湿地以及自然保护区、风景名胜区等，增加生态系统内的连通性，使乡村区域破碎化的生态斑块进行有效线性连通，增加景观连接度，修复乡村受损的景观生态格局（刘滨谊 等，2014）。同时，通过提升乡村绿道及周边地区的生态功能，进一步保护乡村自然山水资源，维护乡村生态基底的完整性和原真性。

从我国当前乡村地区的实际情况来看，乡村陆生生态廊道的整治要突出区域与区域、地块与地块之间的生物联系，重点围绕林间生态廊道与草间生态廊道这两个重点进行整治，在条件适合的局部地区，尽可能注意林与林之间、林与草之间、草与草之间的联通，提升这些陆地生态廊道的生物联通功能。

第四章　生态用地整治实践中的关键技术

本章重点对生态用地整治实践中的项目区遴选与可行性研究、项目区的规划设计与工程实施、效益评价与整治潜力测算等四大关键技术进行了详细的介绍，从技术层面解决在什么地方进行生态用地整治的问题，明确新时代生态用地整治项目区规划设计的规范与要求，对农用型边际土地、用途转变型边际农地、废弃宅基地与生态低值荒坡地等典型生态用地的整治工程实施技术等进行研究，从技术层面解决生态用地如何整治的问题；最后对生态用地整治项目效益的综合评价技术、区域生态用地整治潜力测算技术等进行了分析，为制定新时代的生态用地整治策略奠定基础。

一、生态用地整治项目区的遴选与可行性研究

生态用地整治项目区的遴选主要解决在什么地方进行生态用地整治的问题，其关键技术涉及具体的整治点与整治区域两个层面的遴选技术。整治点的遴选主要解决单要素性的整治对象问题，而整治区域的遴选主要解决多个要素综合后的区域整治优先顺序问题。下面分别介绍生态整治点（单要素项目区）与生态整治区域（多要素综合项目区）的遴选技术。

（一）生态整治项目点的遴选

基于生态用地整治对象的差异，具体包括边际土地、废弃宅基地、生态低值地与生态廊道地四种代表性生态用地整治点（单要素项目区）的遴选技术。

1．边际土地整治项目点的遴选

基于边际土地的内涵及其表现特征，可以将农地的农地边际化程度、弃耕

撂荒年限与弃耕撂荒的规模作为边际土地整治区域遴选的诊断指标。如果该宗土地在利用过程中出现了严重的边际化现象，土地已被弃耕撂荒多年，并且弃耕撂荒的面积较大，那么该宗土地就是我们遴选出来的整治对象。如果在一个地区（地方），弃耕撂荒的宗地较多，且在空间上集中连片分布，那么这个区域就是进行生态整治的重点区域。

结合湖北省农地边际化的实际情况，项目组提出边际土地整治项目点的遴选标准与技术参数，见表4-1。

表4-1　边际土地整治项目点的遴选标准与技术参数

遴选指标	空间分布与土地利用特征	弃耕撂荒年限	撂荒地规模	遴选策略
地块参数	分布在农地边际化地区；土地利用的纯收益≤0	10年以上	50亩以上	优先整治区
		5～10年	20～50亩	一般整治区
		5年以内	20亩以下	潜在整治区

2. 废弃宅基地整治项目点的遴选

基于废弃宅基地的共性特征，可以从废弃房屋所处区位、废弃程度与废弃规模等指标进行判断、遴选。在一些农地边际化比较严重的地区，尤其是一些交通不便、土地质量较差的丘陵山区，有很多老的房屋已被闲置、废弃多年，且这些房屋再无居住的可能性；如果达到一定的规模，则宜进行专项整治。废弃宅基地整治项目点的遴选标准与技术参数见表4-2。

表4-2　废弃宅基地整治项目点的遴选标准与技术参数

遴选指标	空间分布与土地利用特征	房屋废弃程度	宅基地规模	遴选策略
地块参数	分布在农地边际化较严重的地区；房屋大量闲置；村落衰败	10年以上，无居住与继承可能性	村（组）规模在10亩以上	优先整治区
		5～10年，无居住与继承可能性	村（组）规模在5～10亩	一般整治区
		5年以内，再居住可能性较小	村（组）规模在5亩以下	潜在整治区

3. 生态低值地整治项目点的遴选

生态低值地主要出现在农村地区，多为低效利用或未利用的“四荒地”。在目前社会、经济条件下，土地农业利用存在不经济性，但土地的生态服务价值有较大的提升潜力，宜作为生态用地加以整治利用。生态低值地整治项目点的遴选标准与技术参数见表 4-3。

表 4-3 生态低值地整治项目点的遴选标准与技术参数

遴选指标	空间分布与土地利用特征	土地面积	生态服务价值	遴选策略
地块参数	农村地区的荒山、荒沟、荒丘与荒滩，处在低效或未利用状态	100 亩以上	潜力很大	优先整治区
		20～100 亩	潜力较大	一般整治区
		20 亩以下	潜力一般	潜在整治区

4. 生态廊道地整治项目点的遴选

生态廊道地主要出现在不同地块间、异质景观类型间的结合部，有线性或带状特征，如沟、渠、江、河水系等连通性土地。这类土地不仅有水利灌排功能，而且兼有生态廊道的多种功能，在土地综合整治过程中具有重要性。生态廊道地整治项目点的遴选标准与技术参数见表 4-4。

表 4-4 生态廊道地整治项目点的遴选标准与技术参数

遴选指标	空间分布与土地利用特征	土地面积	生态廊道功能	遴选策略
地块参数	不同农田间的线（带）状等沟（渠）、林（网）等连通性土地，利用与管理具有公益性	长度 3 km 以上，宽度 3 m 以上	潜力很大	优先整治区
		长度 1～3 km，宽度 1～3 m	潜力较大	一般整治区
		长度 1 km 以下，宽度 1 m 以下	潜力一般	潜在整治区

（二）生态整治区域的遴选

整治区域的遴选以整治点的遴选结果为依据，如果一个区域范围内适宜生态整治的点多、面大，则这个区域是生态整治的优先与重点区域。在技术操作层面，可以根据一个区域（行政地域单元）生态用地综合整治的适宜指数来进行判定。

生态用地综合整治的适宜指数（I），是指一个区域范围内多种生态用地整治对象面积之和占整个区域面积的比例。区域生态用地整治综合适宜指数可以表达如下：

$$I_r = \frac{1}{S_\Delta}\sum_{i=1}^{n} S_i \qquad (4-1)$$

式中，I_r为 r 行政地域单元的适宜指数，I_r值越大，表明 r 行政地域单元生态整治的适度程度越高，是生态用地整治的优先区与重点区；S_i为 r 行政地域单元内生态用地不同整治对象的土地面积；S_{Δ}为区域总土地面积。本书只涉及边际土地、废弃宅基地、生态低值地与生态廊道地四种类型，n 为 4。

（三）生态用地整治项目区的可行性研究

在生态用地整治项目区初步遴选以后，是否立项整治，还需要在评估生态用地整治的潜力与利用方向的基础上，对项目进行基础的可行性研究。

生态用地整治项目的可行性研究技术要点，可以参考国家或地方政府已经制定的《国家投资土地开发整理项目管理暂行办法》（国土资发〔2000〕316号）、《土地开发整理项目规划设计规范》（TD/T 1012—2000）、《土地开发整理标准》（TD/T 1001—1013—2000）等相关政策规定、标准规范，并从生态用地整治视角进行相应修改与调整。具体来说，生态用地整治项目可行性研究的文本编制内容及要求如下。

1. 项目概况

（1）项目提出的缘由、整治的必要性与意义

从新时代的乡村振兴与生态文明建设、耕地保护与粮食安全、统筹城乡发展等方面展开分析。

（2）项目位置、范围、规模

说明项目的位置、范围及整治规模等。

（3）项目建设内容和投资估算

说明项目建设工程内容、投资估算及资金筹措方式。

2. 项目实施的目的、任务、依据

（1）项目目的、任务

说明项目实施的目的，明确项目的具体任务。

（2）报告编制依据

从法律法规、国家政策、部门规章、行业规范与相关规划等方面说明报告编制依据。

3. 项目区概况

（1）项目所在县（市、区）概况

简述项目区的自然条件、资源条件、社会经济状况、土地利用现状、基础设施条件与农业生产状况。

（2）自然资源条件

从地形地貌、植被土壤、水文地质、生态环境等方面分析项目区的自然条

件，介绍项目区的农业气候资源（如光照、温度、降水）、水资源、生物资源等状况。

（3）社会经济状况

主要分析经济发展水平、人口情况、科技发展水平。

（4）土地利用现状

分析土地利用现状，主要分析土地利用结构、土地开发利用程度、土地利用经济效果，说明边际土地与生态用地的利用情况。

（5）基础设施条件

主要对交通条件、排灌系统骨干设施状况、电力设施状况、生态环境保护设施等进行分析。

4. 项目分析

（1）项目合法性分析

主要包括两个方面内容：项目是否符合相关法律、法规的要求；项目是否符合土地利用总体规划、土地整治专项规划等相关规划。

（2）新增耕地潜力分析

应对新增耕地的数量及来源进行说明。

（3）水资源平衡分析

内容主要包括：灌溉水源的分析、需水量预测、可供水量预测、水资源供需平衡分析。

（4）生态用地利用限制因素分析

应说明生态用地再利用的主要限制因素，并提出解决办法。

（5）土地适应性评价

应说明目前的生态用地用途是否应该调整，调整后的土地用途可能会产生怎样的后果和影响，应如何进行调整等。

（6）公众参与分析

应将公众参与的意见形成有效书面文件，纳入到可行性研究报告中。具体应包括公众对项目区选址、权属调整、土地利用布局方案和工程技术方案等方面的意见。

5. 项目规划方案及建设内容

（1）规划依据与规划方案总体布局说明

说明项目规划原则、依据，介绍总体规划方案与总平面布置。总平面布置是在对项目区各项因素综合分析的基础上，对水源工程、灌排体系及其交叉建筑物、道路、林带、水土保持、电力及村庄所做的全域规划、全域设计。要确定土地平整单元，合理布置水源，明确各级渠（管）系布置方式，说明排水工程总体布局位置，提出各类交叉建筑物的类型和结构，确定各级道路系统布置方案，合理布设生态防护和水土保持工程。

推荐方案总体布局说明，主要对边际土地利用布局、废弃宅基地利用布局、生态低值地利用布局、生态廊道地修复布局，以及农田水利工程布局、田间道路工程布局及其他工程布局进行说明。

（2）边际土地整治规划方案

① 确定边际土地整治的规模与范围。根据当地农地边际化程度，确定边际土地整治的类型、规模与范围。

② 边际土地整治潜力和可行性分析。根据当地经济社会发展要求、土地利用总体规划和土地利用条件，对项目建设范围内的边际水田与边际旱地的整治潜力及整治方向进行分析。

③ 边际土地整治规划方案。对边际农地再利用进行空间布局优化，确定各类用地的比例、位置和面积，确定边际土地整治的最佳方案。从土地平整、农地水利、田间道路、农田防护和生态保持、整治后土地利用结构等方面，对边际土地整治的工程平面布局及建设内容进行详细描述。

（3）废弃宅基地整治方案

① 确定废弃宅基地的整治规模、范围及迁建方案。

② 废弃宅基地的整治潜力和可行性分析。对废弃宅基地的整治潜力进行分析，既要进行整治耕地潜力分析，也要分析拆旧区周边耕地的土地质量情况，分析拆旧复垦对区域耕地、林（草）等生态土地建设的促进作用；对农村废弃宅基地整治的可行性进行分析。

③ 废弃宅基地整治规划方案。从总体布局、土地利用结构调整、拆旧区整理前后位置、面积、地类等方面，细化废弃宅基地的整治规划方案；对废弃宅基地整治的实施时序及挂钩周转指标使用和分年度归还计划、拆旧区整治标准、建设内容、工程量汇总、拆迁安置补偿方案等内容进行详细分析。

（4）生态低值地整治规划方案

① 确定生态低值地整治的规模与范围。根据当地“四荒地”的利用现状，确定生态低值地的“四荒地”的类型、规模与范围。

② 生态低值地整治潜力和可行性分析。根据当地经济社会发展要求、土地利用总体规划和土地利用条件，分别对项目范围内的荒山、荒沟、荒丘、荒滩的整治潜力与整治方向进行评价；分析项目整治的可行性。

③ 生态低值地整治规划方案。对生态低值地的再利用进行空间布局优化，确定各类生态用地的比例、位置和面积，确定生态低值地整治的最佳方案。从植树造林（草）、林（草）间道路、农田防护和生态修复、整治后土地利用结构等方面，对生态低值地整治的工程平面布局及建设内容进行详细描述。

（5）生态廊道地整治规划方案

① 确定生态廊道地整治的规模与范围。分析地块与地块、景观单元与景观单元之间的线（带）状沟（渠）、林（网）等连通性土地的利用现状，确定生态廊道地整治的类型、规模与范围。

② 生态廊道地整治潜力和可行性分析。根据当地经济社会发展要求、土地利用总体规划和土地利用条件，分别对项目范围内的水体生态廊道与陆地生态廊道的整治潜力与整治方向进行评价；分析项目整治的可行性。

③ 生态廊道地整治规划方案。对生态廊道地整治的修复进行空间布局优化，确定生态廊道地的比例、位置和面积，确定生态廊道地整治的最佳方案。从水体清淤、沟渠河道修复、水系连通、林（草）廊道连通等方面，对生态廊道地整治的工程平面布局及建设内容进行详细描述。

6. 土地权属调整方案

在对土地权属及利用现状分析的基础上，明确权属调整的范围，提出权属调整的方法与程序。

7. 项目建设组织管理

（1）组织机构与人力资源配置

明确项目法人，提出组织机构设置方案，对组织机构适应性进行分析，明确人力资源配置。

（2）项目实施进度

说明建设工期，并做出项目实施进度计划。

（3）项目实施过程控制措施

主要是对项目进度、质量和投资三个方面提出控制措施。

（4）项目建设后运行管护初步方案

明确管护责任主体，提出管护措施，并说明经费筹措办法。

8. 投资估算

主要说明投资估算依据、投资估算编制说明、投资估算费用构成和投资进度计划。

9. 效益评价

对项目竣工后的社会效益、生态环境效益、经济效益进行评价。

10. 风险分析

说明项目主要风险因素及其风险程度，并提出防范和降低风险的措施。

11. 可行性研究结论与建议

对项目的合法性、目标实现的可能性、投资总额以及项目实施对社会、经济、环境等方面的影响做出总结和概括，结论要重点突出、观点明确，并对需要进一步研究解决的问题提出建议和意见。

12. 附图、附表、附件

提供生态用地整治工程内容及投资估算表，农村建设用地综合整治（增减挂钩）项目区申报表，县（市、区）政府请示文件，财政局、国土资源局出具的踏勘报告、评估论证意见，县级国土资源部门、乡（镇）人民政府与村、单位签署的拆旧复垦协议、项目区照片及其他影像资料，以及其他图件等。

二、生态用地整治项目区的规划设计与工程实施

本部分首先从规划设计的理念、内容及其规范等方面，明确新时代生态用地整治项目区规划设计的规范与要求；然后重点对农用型边际土地、用途转变型边际农地、废弃宅基地与生态低值荒坡地典型生态用地的整治工程实施技术进行研究，从技术层面解决生态用地如何整治的问题。

（一）生态用地整治项目区的规划设计

1. 生态用地整治项目规划设计的理念

生态用地整治项目的规划设计在坚持土地综合整治规划设计常规原则与要求的同时，还要融入如下新理念。

（1）系统化理念

生态用地整治对象涉及的要素众多、整治目标多元，项目实施时间较长，涉及自然资源、生态环境、农业农村等多个部门，项目规划设计要遵行系统论的基本思想，围绕生态、社会与经济三大效益目标，遵循生态环境要素之间自然规律，平衡部门之间、地区之间、近期与远期之间的利益关系，重构项目整治区的生产用地、生活用地与生态用地之间的人地关系。

（2）全域性理念

生态用地整治是一种全域性的土地综合整治，是在一定的空间区域内，围绕“山、水、地、林、草、道”等核心要素进行综合整治的一项系统工程。这就要求我们在做规划设计时，眼睛不能只盯着项目区内的要素，要有大地域、大系统的思想，要把项目整治点或者项目整治区放在更大的空间尺度上去思考问题，不仅要兼顾要素与要素之间、区内与区外之间的生态联系，而且要有序规划、分步推进全地域的生产用地、生活用地与生态用地整治，不留整治死角。

（3）生态化理念

生态用地整治不单纯追求增地、增产与乡村发展等经济、社会目标，而且非常重视生态目标的达成，强调生态土地的修复与治理，协调要素之间、区域之间的生态联系。这就要求我们在做规划设计时，遵循生态学的基本理论，要从规划目标、规划内容、工程实施技术等关键环节，突出“生态绿色”这一本质特征，在生态用地整治的全过程都要体现生态文明、绿色发展的思想。

（4）地域性理念

不同生态用地整治项目区的自然地理环境、社会经济发展水平差异较大，在整治过程中涉及的要素也各不相同。这就要求我们遵循地域分异规律，发现并突出特色性的地域元素，如生态独特的自然环境要素、历史悠久的村落建筑与风俗迥异的地域文化等，这些特色要素既是构成当地土地系统的重要因素，也是地方特色发展的优势资源，因此，在规划设计时要注重保护、传承这些地域性的特色要素，防止整治后出现“千村一貌”的现象。

（5）景观化理念

生态用地整治既是一个重构一定区域范围内土地利用模式的系统工程，也是一个重塑区域土地利用景观格局的过程；整治后的区域既是人们生产与生活的生态家园，更是一个休闲游憩的景观乐园。这就要求我们在景观设计时，以美丽乡村建设为导向，尊重地学与生态学的自然规律，吸收美学的一些基本原理，在生态用地的整治过程中因地制宜地有机融入美学元素，让整治园区格局有致、景观美丽。

2. 生态用地整治项目规划设计的主要内容

（1）项目概况介绍

基本情况：①概述项目名称、类型、项目区的位置与范围、项目建设规模、建设目标等内容；提出项目对土地生态服务价值、农业生产能力提高、生态环境改善的前景。②概述项目总体规划方案。③概述主要工程量与投资预算。④说明规划实施目标。⑤说明项目区前期已实施过土地整治项目或其他补助（示范）类型项目的情况。

编制依据：说明设计编制依据的法律法规、政策文件、技术标准、相关规划及其他资料；说明主要资料数据的来源与获取方法。

（2）项目区基本情况

所在地区简述：简述项目所在地区的地理位置、自然条件、社会经济发展与土地利用状况。

项目区基本情况：①自然条件。从地形地貌、气象气候、水文地质、土壤植被、自然灾害等方面，分别说明项目区的自然资源环境状况，分析这些条件对土地利用与生态建设的影响。②社会经济状况。以行政村为单位，说明项目区城市化与社会经济发展状况；说明农业科技发展水平、机械化程度、农业种植结构、农业劳动力配置等农业生产状况。③土地利用现状。从土地利用权属、土地利用结构、土地利用程度、土地利用收益等方面，说明项目区土地利用的整体状况，分析农地边际化的程度。

（3）项目建设条件分析

基础设施条件：从道路交通设施、土地灌排设施、电力设施、农田防护与生态环境保持设施等方面，分析现状设施对工程规划的影响和要求。

农村居民点建设发展状况：说明待整治农村居民点的人口规模、用地面积、分布形态、建筑密度和建筑质量，分析农村居民点建设发展状况对规划的影响和要求。

生态土地利用因素：结合生态土地的利用现状，确定生态土地利用限制因素，提出改善措施。

水土资源生态系统分析：从区域视角，说明项目区水土资源系统在时空配置上的状况，评估供需平衡状态，说明水土资源系统生态协调面临的问题，提出解决途径与措施。

新增生态土地来源分析：说明新增生态土地来源的可靠性。

公众参与条件：说明设计阶段公众参与的形式、过程、内容和结果。

（4）项目工程规划

规划设计依据：概述工程规划设计依据的法律法规、相关政策、相关规划、技术标准、相关文件和资料。

规划目标：根据工程项目特点，说明生态土地面积和质量、生产服务价值与乡村景观生态等方面的具体目标。

建设标准：针对生态用地整治的关键内涵，说明项目区生态联系梳理、生态土地功能提升、生态廊道建设、农田防护与生态环境保持等各项工程的建设标准。

规划方案：对生态土地的利用进行布局规划，分析确定各类用地的位置和面积，编制生态土地利用结构调整表，分析整理前、后土地利用结构变化情况，计算新增生态用地面积和新增生态土地率；重点确定工程的平面布置情况。工程平面布置主要包括：

① 说明需要进行生态用地整治的区域，确定地块的形状、规格和方向；

② 说明生态廊道工程的范围和面积；

③ 说明水、林（草）、路等的工程形式、布置及其衔接措施；

④ 确定农田防护与生态环境保持工程的类型及布置；

⑤ 确定拆迁、农村居民点用地整理、景观生态等其他工程的布置。

（5）项目工程设计

边际土地农用功能维护工程：根据边际化土地农用的可能性，划定边际土地农用潜力区的范围，通过“路网、沟渠、排灌”等工程建设维护土地的粮食生产能力。工程设计方法可参照土地整治工作中的土地平整、田（地）块设计、灌溉与排水、田间道路、农田防护与生态环境保持等的设计规范进行。

边际土地生态功能恢复工程：在空间上确定那些农地边际化过程不可逆、土地粮食生产功能向生态服务功能转型的土地的位置，确定边际土地生态功能建设工程区的范围、面积，明确林（草）的种类、规格、在空间上的布局地点、苗木栽植季节和造林方法等，并计算林（草）恢复工程土方工程量等。

四荒地生态功能提升工程：明确四荒地生态功能提升的目标，确定工程区的范围、面积，提出实现生态功能提升目标的措施与办法，明确林（草）建设项目的种类、规模、布置地点、苗木栽植季节和造林方法等，计算工程区土方工程量等。

生态廊道建设工程：生态廊道工程的建设包括以下几个方面。

① 水生态廊道建设。宏观视角重构区域尺度上的江、河、湖、塘、沟（渠）等水体在生态学上的联通关系，微观视角重塑地块尺度上的水土交互关系；说明水体联通工程单个项目的地形地质、布置、工程量、施工、投资、运行等情况。

② 林（草）生态廊道建设。对整治区域林（草）生态廊道进行整体设计，突出区域之间、景观类型之间、地块与地块之间的生物联通联系，说明林（草）生态廊道布局的位置及其地形地貌特征，说明空间走向、面积大小，明

确林（草）建设项目的种类、规模、布置地点、苗木栽植季节和造林方法等，计算工程区土方工程量等。

废弃房屋的拆除与宅基地再利用工程：说明项目区需要拆除废弃房屋的位置、面积及其拆除要求，根据拆除地点的土地条件，明确宅基地再利用的方向。对适合农业生产利用的宅基地，参照土地整治工作中田（地）块设计规范进行设计，恢复宅基地的农地利用功能；对宜生态利用的宅基地，明确宅基地生态融入的途径与措施，确定建设工程的范围、面积，明确林（草）的种类、规格、在空间上的布局地点、苗木栽植季节和造林方法等；计算废弃房屋拆除与宅基地再利用工程的土方工程量等。

美丽乡村生态景观建设工程：分析整治区域的特色文化、传统建筑、地物标志、生态优势等，对整治区美丽乡村生态景观的建设进行整体设计，明确具体的工程项目，并对工程项目的内涵、范围、施工、投资、运行等进行说明，计算工程量。

工程量汇总：进行工程量汇总，编制工程量汇总表。

（6）土地权属调整

① 土地权属现状。说明项目建设范围内土地权属状况。

② 土地权属调整方案。分析确定权属调整的范围和原则，确定权属调整的措施，说明权属调整的程序和保障措施。

③ 方案编制说明。说明权属状况和调整方案的公示情况，说明在方案制定过程中，各部门、相关组织和权属主体的参与形式、方法和所达成的协议，以及对不同意见的处理情况。

（7）项目施工组织

① 施工条件。说明施工场地条件、自然条件、交通条件、水电供应条件和当地能够提供的修配、加工的能力；说明主要建筑材料的供应情况，分析混凝土骨料、石料、土料等各料场的分布、储量、质量、开采运输及加工条件，通过技术经济比较选定料场。

② 施工总布置和主要工程施工方法。说明施工总布置的原则，确定分区布置，包括施工工厂、生活设施、交通运输等；主要工程施工方法，说明主要工程的施工方法和施工程序。

③ 施工进度。说明年度施工总进度安排的原则和依据；安排年度施工总进度，绘制施工进度图。

（8）实施措施与工程管护

① 实施措施。说明项目实施组织机构成立情况，确定各机构的职责和权

利；根据工程建设及技术要求，确定项目实施与质量监督的制度；说明项目质量控制、进度控制和资金控制措施。

② 工程管护。确定管护主体及相应的职责和权利；确定工程管护范围及工程管护模式。

③ 经费筹措。确定工程管理维护经费来源及筹措方式。

（9）投资预算

① 编制说明。说明投资预算编制的定额依据、材料价格依据和费用构成及计算标准依据；说明主要材料运输及费用计算，说明设备预算价格计算方法，说明补偿标准等其他需要说明的问题。

② 预算成果。说明项目投资预算费用结构，编制投资总预算汇总表、工程施工费预算表、设备购置费表和其他费用表。

③ 资金筹措。说明资金筹措方式。

④ 投资进度计划。根据施工进度安排，说明年度投资计划。

（10）项目效益分析

① 社会效益分析。结合项目建设所产生的社会影响，分析社会效益。

② 生态效益和环境影响分析。结合项目建设内容，分析生态效益；分析项目建设对生态文明与环境的影响，提出防治措施。

③ 经济效益分析。分析项目建设前后项目区生态用地整治给“三农”带来的经济收益。

（11）实施保障

① 组织保障。说明组织保障在项目实施中的应用。

② 政策保障。说明地方为保障项目顺利实施所制定或拟定的政策措施。

③ 制度保障。说明项目法人制度、项目招投标制度、工程监理制度、代建制度、合同制度、公告制度、审计制度等在项目实施中的应用。

④ 技术保障。说明项目实施的技术保障措施，包括组建专家队伍、建立监控体系、加强人员培训等在项目实施中的作用。

（二）生态用地整治工程的实施

在项目选址和规划设计的基础上，生态用地整治的工程技术主要是在项目实施过程中对撂荒坡耕地、闲置宅基地和具有生态潜力的闲置地综合整治技术进行研究，开展边坡绿化工程、生态防护工程、整治区内植被恢复与重建等生态工程技术，如表 4-5 所示为生态用地整治工程技术内容。

表 4-5 生态用地整治工程技术内容

工程类型	建设内容	生态设计
生态防护工程	防护林建设、防洪工程、防灾工程、护坡工程等	建设树篱、防护林、草皮（带）、篱笆等作物边界形式的条状结构；绿色边坡建设
生物多样性保护工程	生物廊道建设工程、生态缓冲区建设和小型湿地保护工程等	建设带状廊道如风景林和防护林带状绿色廊道；建设以自然、娱乐和文化为主题的生态廊道，形成点、线、面相结合的自然生态系统
自然景观生态工程	对具有明显地域特点和重要生态功能的天然林地、草地、水体等自然景观重点保护	设计适应生物生存的洼地、水边湿地以及不受人类强烈干扰的大型林地；建立包括杂草带、草原带、灌木带和果树带等景观类型的生态补偿区
生态景观工程	观赏植物的种植、特色基础设施建设、生态农业建设、生态主题公园建设、特色农村建设	结合国外生态用地整治经验，注重休闲公园，基础设施绿色设计、建设绿色观光农业园和符合当地特色的美丽乡村建设

生态用地整治的生态工程技术主要涉及生态防护工程、生物多样性保护工程、自然景观生态工程和生态景观工程建设。其中生态防护工程建设主要有防护林建设、防灾工程和护坡工程；生物多样性保护工程涉及生态廊道、生态缓冲区和小型湿地保护工程等；自然景观生态工程主要是针对区域现存的生态用地如林地、草地和水体等自然景观进行重点保护，严格遵守生态保护红线，保证生态用地的数量、质量；生态景观工程建设应结合区域景观和文化历史特色，加强具有观赏性的基础设施和产业建设，充分发挥区域自然资源优势，带动旅游业的发展，最终实现经济、社会和环境综合效益的提升。

结合上述生态用地整治的施工工程技术，针对不同的整治对象在项目实施过程中应采取不同的技术和方式。

1. 农用型边际土地整治工程的实施

（1）开发型撂荒农地的整治

该类土地类型特点是集中连片、面积较大，此类土地通过整治可直接开发为农业用地，因此，在整治技术上可以借鉴土地整治的相关工程技术，即在前期规划的前提下，主要通过实施土地物理形态改造、土壤层次重建、土地利用配置相关的生物工程、生态工程、景观再造工程和施工工程等手段，对土地整治项目区的生态环境因子在平面、空间和时间序列上建立合理的结构及布局，充分挖掘项目区土地潜力，提高土地质量，维持区域土地生态可持续发展；在土地整治技术工程实施中，通过各项工程技术的有机组合，以实现土地地力的提升，涉及技术主要有水土重构、生态防护与景观再造技术、施工技术、生物-理化恢复技术等。

(2) 储备型撂荒农地的整治

此类土地相较于直接开发型撂荒土地，面积较小且较为分散，多分布于区位和基础条件较好的农村区域，尤其是湖北省丘陵山区坡耕地较多，由于土壤质量较好且具备土地开发潜力，通过对可开发利用的坡耕地整治，将该类土地纳入耕地后备资源，实现藏粮于地，保证耕地不减少和粮食的安全，因此，在工程实施中主要是以改善土壤质量为主。

丘陵山区坡耕地是水土流失的发源地，坡耕地撂荒现象会影响土壤质量和土地肥力状况，通过坡耕地-聚落耦合模式研究土壤侵蚀程度的强弱，对尚能开发利用的坡耕地开展高效生态种植模式，以植物篱笆生态过滤网技术为核心，防治土壤侵蚀，改善土壤质量，提高坡耕地的效益，实现坡耕地的可持续利用，改良后建立相关评价指标，分析坡耕地土壤效益，并利用土壤容重和孔隙度来衡量土壤结构的变化；土壤入渗性能反映土壤涵养水源能力；用土壤养分来衡量生态用地整治后的土壤肥力和质量。

储备型撂荒地转变为后备农用地，为保持坡耕地的水土，在施工中为加强对边坡的治理应实施坡面生态工程技术。针对丘陵山区撂荒坡耕地实行边坡绿化工程，以土木工程为基础进行绿化，即坡面生态工程（赵廷宁 等，2006），减轻坡面的不稳定性和侵蚀性，在缓解水土流失的同时进行生态景观建设，有利于提升生态服务功能，促进人地关系的和谐。

2. 用途转变型边际农地整治的工程实施

用途转变型边际农地是指那些原来适宜农地利用的土地，在自然、社会与经济等多因素的作用下，其农地生产能力已完全退化，在现有土地利用方式下，农户不会再将这些土地作为农地加以利用。在这种情况下，这些农地宜改变“农用”用途，转成其最适宜的非农用途，或者转为林（草）化的生态用地，或者转为水体等湿地用地等，以充分利用这些土地的生态功能。

(1) 边际农地的林（草）化整治

适合林（草）化整治的边际农地主要分布在丘陵山区，以坡耕地、旱地为主要类型，或因土地质量较差、地块面积较小，或因地势较高、坡度较大，或因区位不便、农业生产条件不良等因素影响，这些坡耕地、旱地在现有条件下不宜继续农用，需要进行土地用途转换。一般来讲，这些边际化的坡耕地本身就是山体的一部分，与山体其他要素之间具有紧密的生物学联系。因此，对该类土地进行整治时，要转变其农用用途，进行林（草）化整治，让其融入山体，提升并发挥这些土地最适宜林（草）化的生态功能。

丘陵山区作为生态脆弱区，撂荒坡耕地会影响土地生态服务功能的提升。在整治的工作中，考虑我国人多耕地少，坡耕地较多的实际情况，应维持粮食安全与生态保护之间的平衡，不能“一刀切”（邵景安 等，2014）。生态用地整治的目的在于减轻坡耕地撂荒所带来的负面影响（Renwick et al.，2013）。为减轻人口增长导致森林被侵占的局面，避免耕地继续侵占森林，可以在人多地少的丘陵地区将撂荒的坡耕地转变为生态用地，增加绿色生态用地，发展乡村生态旅游；在人口相对较少的丘陵山区，可将那些土地质量较差的坡耕地进行用途转换，重点整治成生态用地，以充分发挥这些土地的生态服务功能（Baldock et al.，1996；Strijker，2005；FAO，2006）。

在整治撂荒坡耕地的过程中，也可以种植其他边际内的植物，如生物燃料作物或者种植其他作物。在区域生态保护政策的出台和区域生态管护措施制定的过程中可以充分考虑丘陵山区坡耕地的撂荒状况，制定合理的预防和治理措施，缓解耕地撂荒对生态环境所带来的不利影响，同时保护具有区域特色的农耕文化和具有较高生态价值的乡村，通过国家和地方政府在政策和财政上扶持旅游业等第三产业的发展，最终达到维护人地和谐、生态适宜的地区特色农耕文化，促进丘陵山区的可持续发展。

（2）边际农地的湿地化整治

适合湿地化整治的边际农地主要分布在地势较低的河流、湖泊周边，或者分布山川之中的低地，以边际水田较为多见，或因田深、水温较低、土地质地较差，或因积水较多、排水不畅、水害风险较高，或因区位不便、农业生产条件较差等因素影响，这些边际水田的粮食生产能力差，在现有用地模式下其农用用途已明显不适宜，需要改变其农地利用用途。

一般来讲，这些地势较低、排水不畅的边际水田，在没有农地利用改造可能性的情况下，宜将这些边际农地进行湿地化整治，根据其与周边水体之间的联系，可以通过机械挖掘、人工筑坝等工程措施，将它们整治成塘、库、湖、河流等水体，恢复其湿地景观，并辅以相关生物措施，强化这些水体与周边环境之间的生态联系，提升这些水体的生态服务价值。对那些适宜水产养殖的水体，可以考虑进行综合性的水产养殖，充分发挥其经济生产功能；亦可根据当地的资源优势与旅游开发的可能性，打造特色鲜明的湿地公园，助力乡村旅游产业发展。对那些分布于山谷之中的边际水田，可以因地形地貌条件，通过工程措施修筑坝体，进行拦沙、拦水，充分发挥其水土保持功能。

3. 废弃宅基地整治工程的实施

我国农村宅基地的闲置废弃现象较为严重，大量闲置乃至废弃宅基地的存在，不利于区域经济效益和农民财产性收入的增收，同时也会引发相关社会问题，不利于粮食安全和生态环境的保护（宋伟 等，2013），因此，解决农村废弃宅基地问题，能有效提高宅基地的使用效率，优化资源配置，同时能缓解我国用地紧张的现状，最终实现城乡统筹发展（胡银根 等，2018）。

（1）废弃宅基地的林（草）化整治

转变土地用途，变宅基地为生态用地。该类土地不具备再开发利用的可能性，对农村地区废弃不用的闲置宅基地、没有建筑物的宅基地，在确保权属明确的前提下，进行合理规划转变利用方式，最大限度地恢复土地的使用功能，了解项目区植被恢复与重建工程技术的适宜性及其对植物多样性的影响。在此基础上因地制宜采取不同生态防护工程技术，通过实行整治区内植被恢复与重建工程技术，针对整治区内生态环境的特征和闲置宅基地对现有农村生态环境产生的影响，着重研究区域内生物物种状况和植被结构，在考虑生物多样性和农村景观格局情况下实施景观改造工程，改善农村生态环境，建设美丽安居型乡村。改善农村地区景观格局，节约土地资源，实现人地关系和谐。

（2）废弃宅基地的农地化整治

针对区位条件和农村基础设施水平较高区域的农村废弃宅基地，为保证废弃宅基地的充分利用，改变村庄无限向外蔓延的现状，转变土地利用方式，通过开展土地整治工作，实行土地平整和实施生物-理化联合改良技术，改善土壤条件和质量，将废弃宅基地转变为耕地，保证耕地总量动态平衡和粮食安全。

当前我国宅基地改革步伐不断加快，闲置宅基地的退出路径与废弃宅基地的整治模式正在积极试点与创新探索。在这个过程中，土地公有制性质不改变是前提，同时严守耕地红线，确保粮食生产能力不减弱，在保护农民利益的前提下，通过经济补偿方式、以地换房、搬迁聚居、梯次腾挪等多种途径实现宅基地的改革和退出。在保证农民居住和农村经济发展的前提下，在增减挂钩和土地整治的基础上实现农村闲置宅基地的整治复垦，在实施过程中通过走访、实地调查了解并尊重民意，实行建设用地增减挂钩，退出的废弃宅基地能有效保障经济的发展，改善农村居民的居住水平和居住环境。闲置宅基地可以探索“先复垦、后挂钩”的整治模式，将挂钩获得收益用来反哺农村，推出宅基地与城镇新增用地相结合的新型发展模式，实行有偿的方式来提供土地，而其所得收益可用来促进农村建设（向保林 等，2011）。对需要新增的宅基地，宜优先利用闲置地，达到盘活农村闲置宅基地，同时相关政府部门和国土部门在这个过程中应该积极参与，做好领头羊和牵线人的作用，对相关制度进行完善和深化更是当前改变农村宅基地大量闲置和废弃这个现状的重要环节。

4. 生态低值荒坡地整治工程的实施

为有效改善当前丘陵山区低效利用荒坡地的现状，实现区域生态环境的好转，在对该类用地识别和规划设计的基础上，以林（草）恢复为主题，进行针对性的整治工作，在提升区域水土保持能力的同时，实现生态低值地生态服务功能和生态产品供给能力的双提升。其整治工程技术涉及三个方面。

（1）乔、灌、草相结合的水土保持

通过植被覆盖能有效缓解荒坡地的水土流失，为确保水土保持的效果，关键在于提高林地结构的复杂程度。现有实践经验表明，以乔、灌、草有机结合配置的模式防治水土流失效果最佳；在树种选择上宜兼顾生态与经济效益，以防护林为主、多林种相结合的模式能最大限度地发挥其水源涵养、水土保持和生态改善的生态功能。同时，为有效拦截丘陵山区低效利用缓坡地由于土壤侵蚀而形成的水土流失，在合理布局规划的基础上建设沉沙坝（塘），在雨水侵蚀过程中有效防治水土流失。

（2）生态廊道和生态缓冲区的重建

该工程具有保护生物多样性、防治环境污染和水土流失等功能，对生态景观具有建设和保护的作用。结合整治区内的生态景观格局和环境特色建设，生态廊道建设类型有所不同，按照形式不同可以建设带状廊道如风景林和防护林带状绿色廊道；按照功能划分，可以建设以自然、娱乐和文化为主题的生态廊道，优化生态安全网络格局，建立破碎的、分离的生态环境之间的联系，形成“点、线、面”相结合的自然生态系统，强化其整体性，营造有机的生态景观格局（陈海涛 等，2011）。

（3）生态景观工程的再造

对整治区域内进行景观格局的改造，注重景观要素的配置和景观的重塑，注重景观效应的异质性：具备优势景观、维持景观的多样性；根据人为干扰指数，了解景观的自然性；运动型即丰富农村景观并注重景观之间的通达性。在此过程中，研究工程实施过程中对区域生态环境产生的影响和景观生态效应，并建立相应的评价指标体系和景观改造技术指南。最终形成符合区域发展特色的农村景观格局，促进生态环境的可持续发展，提出基于生态环境保护的生态潜力闲置地整治和相关生态防护措施建议，以提高生物物种的多样性，维护生态平衡。

三、生态用地整治项目效益的综合评价

对生态用地整治项目的效益进行综合评价，是检验生态用地整治项目是否达到整治目标的关键一环，是引导与督促生态用地整治项目顺利实施的手段与保证。建立科学的生态用地整治项目效益评价指标体系，也是生态用地整治过程的关键科学问题之一。本节旨在解决生态用地整治项目效益评价的理论与方法问题。主要内容包括生态用地整治项目效果评价的原则、生态用地整治项目效果评价的组织管理等内容。

（一）生态用地整治项目效益评价的原则

1. 服务导向原则

生态用地整治项目效益评价的结果既是判断一个整治项目实施绩效好坏的重要依据，也是督促、引导生态用地整治项目有序开展的指挥棒，整个评估工作要服务于项目的组织、实施、验收与管理的需要。因此，在制定评价指标的时候，要突出效果评价的服务与导向功能。

2. 综合评价原则

生态用地整治的效果不仅仅体现在生态用地服务价值的提升，有助于乡村生态文明建设，而且在生态用地的整治过程中，能够提高农地的粮食生产能力，盘活乡村的废弃宅基地，置换存量建设用地的土地市场价值，对项目区的土地增产、农户增收与乡村社会发展等均有显著的作用。因此，在绩效评价时，要从生态、经济与社会三个大的层面，综合评估生态用地整治项目实施后的效果。

3. 技术可操作性原则

生态用地整治项目效果评价涉及的因素较多，考察的利益主体众多，评价的时间也较长，这就要求我们在进行绩效评价时，既要科学选择关键性的评价因子，又要考虑这些因子数据信息获取的可行性，在构建简明、有效的评价模型时，也要充分考虑评价过程的简洁性，确保在技术层面具有实践可操作性。

4. 结果定量化原则

在大数据时代，社会对数字化国土的要求越来越高，利用先进的 3S 技术

手段，通过相关模型的定量分析，精确表达生态用地整治项目的绩效，是目前土地管理的新常态。因此，定量化评价已成为生态用地整治项目评价的基本要求。评价结果既要能定性区分影响的范围、对象及其性质等基本信息，更要能精准反映项目实施后影响的变化程度。

（二）生态用地整治项目效益评价的指标体系

基于生态用地整治的三个基本目标，遵循评价指标选取的四个原则，项目组从三个层面来设计效果评价的相关指标，构建了由三个一级指标与十三个二级指标组成的综合评价指标体系（表 4-6）。

表 4-6　生态用地整治项目效益评价指标及其含义

目标	准则	评价指标	说明
生态目标	1. 生态土地数量变化	生态土地增加率	衡量新增生态土地的面积
	2. 低效生态土地数量变化	区域植被覆盖度增加率	衡量低效生态土地生态服务功能的提升
	3. 生态景观格局变化	生态景观指数	用来描述景观格局，建立景观结构与过程或现象的联系，解释景观功能
	4. 生物多样性数量变化	物种多样性增加率	衡量区域内物种的丰富度（个体数和种类数）
	5. 区域生态整体性变化	生态景观的整体性；区域植被的完整性；系统结构功能完整性	衡量生态环境的整体性
	6. 生态灾害风险变化	成灾与致灾面积变化度	衡量土地对自然灾害的抵御程度
社会目标	7. 乡村土地利用状态	闲置生态用地与废弃宅基地的再利用率	反映人地关系变化，衡量乡村振兴程度
	8. 乡村景观变化	村民对景观多元化与环境美化的满意度	衡量村民对生态景观建设的满意程度
	9. 乡村特色保护与传承	特色建筑与乡土文化的传承度	反映整治项目对乡村文化发展的影响程度
	10. 村民参与项目情况	村民整治活动参与程度与效应受益度	反映整治项目对村民发展的影响程度
经济目标	11. 农地数量变化	农地面积增减率	衡量农地面积增加程度
	12. 农地质量变化	农地质量等级变化	衡量农地粮食生产能力变化程度
	13. 土地市场价值置换	宅基地增减挂钩数量	衡量宅基地市场价值

1．生态用地整治项目生态效益评价的指标体系

（1）生态土地数量变化

在生态用地整治过程中，边际土地的生态化转型、废弃宅基地的生态化还原以及部分零碎闲置土地的生态化归并等，均会导致生态土地数量的增加。此外，在生态用地整治过程中，为修复受损的生态系统，需要重构地块与地块之间、区域与区域之间的生态联系，以维持区域生态系统结构的整体性与功能的完整性，因此，要为保护生物迁徙和生物多样性建立必要的生态走廊和生态缓冲地，为乡村地区提供天然的生态屏障（FAO，2006），生态廊道的修复也会增加生态用地的面积。生态用地面积的变化直接影响区域植被覆盖度的变化，是衡量区域生态环境是否达到整治效果的关键指标（陈海涛 等，2011）。

（2）低效生态土地数量变化

分布在广大农村地区的“四荒地”，主要以生态用途为主，但目前处在一种闲置荒芜的状态，属于低效利用的生态土地类型。在生态用地整治过程中，通过植树造林、种草等绿化工程增加区域植被的覆盖度，提升区域低效生态土地的生态服务功能。

（3）生态景观格局变化

生态用地整治的本质是土地利用类型用途的调整，是其他土地利用类型用途向生态用途转型的一个过程，例如，边际农地或者建设用地等景观向生态景观（林、草、水等）转变。其整治结果通过地表景观单元格局的变化表现出来。景观指数是指能够高度浓缩景观格局信息，反映其结构的组成和空间配置某些方面特征的简单定量指标。它可以用来描述景观格局，建立景观结构与过程或现象的联系，解释景观功能的变化。

（4）生物多样性数量变化

在生态用地整治过程中，随着生态用地规模的扩大、植被覆盖度的提升以及区域之间生物廊道的修复，生物生存发展的生境趋好，区域内物种的种类数与生物个体数会增多。因此，生物多样性的变化（物种丰富度的变化）可以直接表征区域生态环境的变化趋势，它是一个衡量区域生态效益的综合性指标。

（5）区域生态整体性变化

在生态用地整治过程中，那些破碎、闲置的小块土地也得到了全覆盖性的整治，或纳入农地，或纳入生态用地，或纳入乡村建设用地，乡村生态景观的整体性得到加强；而生态廊道的恢复与重建，乡村土地之间的生态联系得到加强，区域生态系统的结构与功能也因此进一步完善。区域生态整体性变化可以

较好地反映生态用地整治项目实施前后区域生态环境效应的变化。

(6) 生态灾害风险变化

农地弃耕撂荒后，不仅该地区社会与经济发展的机制受到严重影响，而且原来复合性的系统朝简单化方向发展，物种多样性受到威胁，甚至容易诱发火灾（Hubert，1991）。而在生态用地整治之后，农业生产用地、村民生活用地与生态建设用地的分界更加清楚，森林山火风险降低，植被覆盖度提升，水土流失危害减少。通过整治前、后受灾比例值的差值计算可以衡量生态用地整治项目的实施效果。

2. 生态用地整治项目社会效益评价的指标体系

(1) 乡村土地利用状态

在农地边际化地区，村落的衰败往往通过农地的弃耕撂荒、"四荒地"的闲置、宅基地的废弃与闲置等现象表现出来。通过生态用地整治，乡村闲置的"四荒地"与废弃的宅基地等将会得到再开发利用，乡村土地荒芜与村落"空心化"的社会衰败景象将得到显著改观。通过项目整治前、后闲置生态用地与废弃宅基地再利用的变化，可以衡量乡村社会发展的振兴状态。

(2) 乡村景观变化

乡村景观的变化主要通过景观的多元化与景观外貌的美化来体现。在生态用地整治之前，乡村的农业生态景观较为单一，景观外貌单调而显衰败。而在整治项目实施之后，山、水、林、田、草综合性的生态共同体出现结构多元化与山水人文景观融为一体，乡村外貌和谐美化。村民对乡村景观多元化与景观外貌美化的满意度是衡量生态用地整治项目社会效应的重要因子之一。

(3) 乡村特色保护与传承

生态用地整治不是大拆大建，更不是推倒重来，在生态用地整治过程中十分强调对乡村古树、古桥、古宅与地方文化等特色资源的保护与传承，强调项目整治突出乡村特色，在整治过程中传承与发扬乡村文化。考察生态用地整治项目中的特色建筑保护与乡土文化传承的情况，可以反映项目整治的社会效应。

(4) 村民参与项目情况

乡村生态用地整治项目直接服务于村民的生存与发展。村民能否在生态用地整治项目的前、中、后阶段参与进来，又能否在整治过程中分享到项目整治带来的效益，是衡量一个项目是否成功的重要标志。因此，考察村民在项目中的参与度与项目整治效益的分享度，可以直接体现生态用地整治项目的社会效益。

3. 生态用地整治项目的经济效益评价指标及其含义

生态用地整治项目带来的直接经济效益主要体现在以下三个方面。

（1）农地数量变化

在生态用地整治过程中，不仅部分闲置、细碎分布的宜耕土地可以归并到现有农地地块之中，而且部分适合复垦的废弃宅基地也可以归并到现有农地系统之中，项目区的农地规模因此而扩大。与此同时，项目区也有可能由于边际土地的生态化利用转型等原因，农地面积出现下降的现象。农地面积的数量变化将带来粮食生产与农户增收方面的经济效应。

（2）农地质量变化

在生态用地整治过程中，对"山、水、林、草、地、道"等关键要素的整治，农田系统之间的水力关系与生态联系将得到显著加强，区域土地资源可持续利用的条件将得到显著改善，农地质量的等级也会因此而提升，将对区域土地资源的经济生产能力提升产生影响。

（3）土地市场价值置换

对乡村废弃宅基地的整治，不仅可以在项目区直接归并为农地或者生态用地，而且可以腾出极有市场价值的"宅基地指标"。这些指标可以通过城乡一体化土地市场的"增减挂钩"等办法，将整理出来的宅基地建设用地指标与城市化的用地指标结合起来，通过"地票"等方式，在土地市场实现废弃宅基地的市场价值，从而为农户收益与乡村发展带来显著的经济价值。

（三）生态用地整治项目效益评价的组织管理

在确定生态用地整治评价原则，形成评价指标体系的基础上，可以对生态用地整治项目的综合效益进行评价。评价结果可以作为项目验收与绩效评估的重要依据。生态用地整治项目的效益评价与验收的工作程序可以参照我国土地综合整治的相关办法进行，并加强以下环节的组织管理。

1. 项目整治前的评价标准引导

生态用地整治与土地综合整治既有紧密的联系，又有显著的区别。生态用地整治项目效益评价的指标体系与一般土地整治差异较大，需要在整治项目实施前对相关从业者进行评价标准、指标体系、操作程序、管理办法等方面的培训，让从业者充分了解生态用地整治的工作目标，引导从业者的各种整治行为，实现生态用地整治项目的整治目标。

2. 项目整治中的自我评价与调整

生态用地整治项目的评价指标及其标准体现在项目整治的全过程，其整治效益与这一过程中从项目区的遴选、项目的可行性研究、项目的规划设计、项目的工程实施，到项目的监管与验收等环节相关从业者的行为密切相关。在项目整治过程中，所有相关从业者的整治行为均应服从项目整治前设立的整治目标，服务于当地土地使用者主体的需要，这就需要相关从业者在整治过程中对照整治目标进行自我评价，不断调整自己的整治行为。整治效果如何，在项目整治结束后，项目工程实施方要提供项目区用地主体认可的自我评价报告。这个评价报告将是项目检查与验收的重要依据。

3. 项目整治后的验收性评估

生态用地整治项目的验收性评价是项目管理中的关键一环，宜从严要求，以确保整治项目的效果达到整治前预设的目标与要求。生态用地整治项目的效益评价，依托的是新建立的标准，专业性较强，需要相关专业人员参与。为确保验收评价的公开、公正与公平，宜建立生态用地整治项目检查与验收评估专家库，由项目主管部门委托专家组进行检查验收；宜遴选一些符合要求的公司、企业或者高校研究团体，作为具有资质的第三方评估机构，由项目主管部门选择第三方评估机构来承担项目的验收评估工作。

四、生态用地整治潜力的测算分析

准确了解一个地区生态用地的类型、数量、质量等信息，是制定新时代生态用地整治规划、统筹安排生态用地整治项目的基础。本节首先从理论上对生态用地整治潜力测算的概念、测算对象、测算目标与测算原则等问题进行研究，然后再针对不同的生态用地类型，确定不同的生态用地整治潜力测算方法；最后以湖北省为例，对边际土地、废弃宅基地、生态低值地与生态廊道地四种主要生态用地类型的整治潜力进行测算分析，为制定新时代的生态用地整治策略奠定基础。

（一）生态用地整治潜力测算概述

1. 潜力测算的概念

“潜力”是指在一定时期、一定生产力和某种既定用途下，某一指标可能提高或节约的能力（赵彤彤，2014）。根据生态用地整治的概念，生态用地整治潜力指在一定区域内，按照国土空间规划确定的目标和用途，针对转型生态用地中的边际农地、废弃宅基地与原态生态用地中的生态低值土地等土地类型，进行“山、水、林、草、地、道”等要素的综合整治，以改善生态环境，提高生态收益的潜力。

生态用地整治潜力测算是对生态用地整治潜力进行分析与计算，根据其大小（高低），确定整治潜力空间分布及组合规律，为生态用地整治潜力分区与生态用地整治规划提供基础性依据（刘小玲 等，2014）。本书生态用地整治潜力测算主要是对边际土地、废弃宅基地、生态低值地和生态廊道地进行潜力测算，计算其整治潜力的大小，分析生态用地整治潜力分布在哪些区域即进行潜力的空间识别，更进一步，掌握这些生态用地潜力释放的时间和空间顺序，从而作为土地整治规划编制和规划期内土地整治重点项目安排和立项的重要依据。

2. 潜力测算的目的

（1）摸清家底，为生态用地整治提供规划决策依据

通过对生态用地整治潜力进行测算，可以摸清当前研究区可供整治的范围与数量，从而为生态用地整治规划提供决策参考。生态用地整治潜力和一般的土地整治潜力一样具有相似的功能，主要为规划制定与实施提供指导。

（2）分析现状，为生态用地整治提供整治方向与建议

本书主要测算边际土地、废弃宅基地、生态低值地、生态廊道地四个方面的潜力，通过对这四个方面的潜力进行测算，分析研究区当前可供整治的生态用地有多少，整治的重点区域在哪里，什么类型的土地作为重点整治方向，这些问题都可以通过潜力测算分析得出，从而为最终生态用地整治提供方向上的指导与实践上的建议。

3. 潜力测算的原则

（1）整体性原则

生态用地整治需要从宏观层面考虑问题，站在地区社会经济发展规划、土地利用总体规划、城乡规划的角度和制高点之上，为土地利用总体规划提供一个关于生态用地整治的合理方案和总体部署。生态用地整治潜力测算必须从宏观整体层面进行考量，与地区土地利用总体规划相协调、相适应，最终有利于生态用地整治目标的实现。

（2）因地制宜原则

生态用地整治潜力测算必须充分考虑区域实际情况，这样才能为生态用地

整治相关规划和具体工作提供参考。不同地区生态用地整治的任务、目标、方法会存在差异，只有进行实地调查，结合当地实际情况，才能合理确定生态用地整治潜力和整治模式，才能取得预期的目标和效果。

（3）科学性原则

生态用地整治潜力测算方法、测算内容可参考土地整治潜力的相关内容，借鉴其相关经验，避免一些错误和不足，提高测算的科学性。同时，与土地利用总体规划相协调，保证基础数据的准确性，从而为科学测算奠定坚实基础。

（4）可操作性原则

生态用地整治目前学术界研究较少，其潜力测算内容、测算方法目前还没有成熟的成果。因此，在实际测算过程中，我们在保证相对科学的基础上，还要考虑可操作性，特别是本书对边际土地、废弃宅基地整治潜力的测算，如何获取准确数据是一大难点。

（5）定量与定性相结合的原则

生态用地整治潜力不能因为数据收集的困难就只对其进行定性评估，要定量与定性相结合，综合收集文献数据、调研数据来进行量化评估，从而使得评估结果的实用性更强。

（6）为生产服务的原则

生态用地整治潜力测算的最终目标是为规划设计和整治实践服务，因此，测算结果要具有科学性，不能仅仅停留在理论层面，要尽可能准确评估目前生态用地整治的潜力到底有多大。

（二）不同类型生态用地测算方法

为进一步结合生产实践，本部分以湖北省为案例区，专门讨论不同类型生产用地的测算方法。

1. 边际土地整治潜力分析

（1）边际土地的识别标准

边际土地是那些对所考虑的用途来讲是边际的或次边际的土地，在本质上表现为在现有土地利用方式下，其劳动力和资本最佳投入组合下的土地产出都不能补偿成本。边际土地在湖北省丘陵山区比较常见。那些地处山区，通达性较差且土地质量低劣的陡坡耕地、灾毁地等，由于自然环境条件本身的制约，农地变得不再具有经济生产能力，最终退出耕地范围，均是典型的边际土地。

当农地沦为边际土地时，农地就会出现弃耕或者撂荒的现象。耕地的“弃耕撂荒”是指在目前耕地性质不变的前提下，耕地所有者受经济、社会、自然、政策等因素影响，在一定时期内使耕地处于闲置或未充分利用状态。一般来说，农地撂荒的面积与撂荒时间的长短可以反映一个地区农地边际化程度的高低，据此，我们可以根据农地的“弃耕撂荒”特征进行边际土地的识别。

（2）边际土地整治的潜力分析

我国的耕地撂荒始于20世纪80年代，并随着经济的发展呈现出愈演愈烈、越来越复杂的特点。西南财经大学中国家庭金融调查与研究中心对全国29个省（区、市）262个县（市、区）的住户跟踪调查发现，2011年和2013年分别有13.5％和15％的农用地处于闲置状态。从全国整体情况来看，全国范围内各个地区均存在耕地撂荒现象，并呈现如下特征：显性撂荒少，隐形撂荒多；经济发达地区与经济欠发达地区均出现耕地撂荒现象；自然灾害严重、生态环境脆弱的地区撂荒多；农村劳动力析出严重的地区耕地撂荒多；全年性撂荒少、季节性撂荒多；土地流转市场发育程度低、土地产权不明晰、社会保障不完善地区土地撂荒多；丘陵、山区、离城市距离远、交通不便的地区撂荒多。

湖北省是一个以山丘为主的大省，在全省总面积中，山地占56％，丘陵占24％，平原湖区占20％。受农地边际化作用的影响，湖北省的农地弃耕撂荒现象最早出现在20世纪90年代初，90年代中期后日趋严重，2000—2005年是农地边际化最为严重的时期，平原地区的优质耕地撂荒比例超过30％。2005年以后在国家“三补一免”与粮食保护价等惠农政策的激励下，农地撂荒现象得到缓解，平原地区尤其是江汉平原区的耕地撂荒现象逐渐消失。但是，在丘陵山区，受农地自然条件限制与地块偏小等因素的影响，农地边际化现象仍然严重，耕地撂荒现象仍然严重。从全省的情况来看，2012年耕地总量为5023.95万亩，其中撂荒耕地数量为313.5万亩，耕地撂荒比率为6.24％。但是，不同地区之间、水田与旱地之间的差异较大。从近年公开发表的学术论文、新闻媒体的报道与课题组的实地调研情况来看（表4-7），湖北省丘陵山区水田撂荒的比例为13％～35％、旱地撂荒的比例为50％～80％。

表4-7 湖北省耕地撂荒部分案例情况

案例地点	农地类型	撂荒时间	撂荒程度（％）	信息来源
随县唐县镇	水田	2016	35	央广网
随县万合镇	旱地	2016	50	（李鑫，2016）

续表

案例地点	农地类型	撂荒时间	撂荒程度（%）	信息来源
黄石市大冶某镇	水田	2012	20.2	《法制与社会》（刘珺，2015）
红安县某镇	水田	2012	13	
	旱地	2012	50	
恩施市山区	水田	2015	20	《资源科学》（李升发 等，2017）
	旱地	2015	50	
十堰市郧西县	水田	2015	18.73	秦楚网讯（杨洪霞，2016）
广水市杨寨镇	水田	2017	35	实地调研（课题组于 2017 年完成）
	旱地	2017	80	
通城县五里镇	水田	2017	30	
	旱地	2017	80	
咸安区马桥镇	水田	2017	25	
	旱地	2017	55	

从现有统计口径来看，准确获取耕地撂荒的数据信息比较困难，为此，我们采用文献研究与实际抽样调查相结合的方法，先确定湖北省目前耕地撂荒的比例，然后再根据这一比例测算边际土地的总规模，具体测算方法如下。

第一，确定边际土地整治潜力区的测算范围。江汉平原区（包括荆州市、荆门市、潜江市、仙桃市、武汉市）目前成片的撂荒现象少见，弃耕面积较小，不纳入全省边际土地整治潜力区的测算范围；丘陵山区耕地撂荒现象严重，是边际土地的主要分布区，是边际土地整治潜力区的测算范围。

第二，确定全省丘陵山区水田、旱地的撂荒率。根据区位相近、地貌类型相似的原则，基于样本案例数据，分别求得黄石市、咸宁市、黄冈市、孝感市、随州市、襄樊市、十堰市、恩施州、宜昌市与神农架丘陵山区水田、旱地的平均撂荒率，见表 4-8。

表 4-8　2017 年湖北省丘陵山区边际土地面积　　单位：hm^2

潜力测算区	水田面积	旱地面积	水田撂荒率（%）	旱地撂荒率（%）	边际水田面积	边际旱地面积
黄石市	67389.5	35885.7	20.20	50.00	13612.7	17942.8
咸宁市	133837.9	49508.1	27.50	67.50	36805.4	33418.0
黄冈市	294786.3	74807.6	13.00	50.00	38322.2	37403.8
孝感市	258152.0	94358.5	13.00	50.00	33559.8	47179.2
随州市	159877.3	56559.5	35.00	65.00	55957.0	36763.7
襄樊市	273472.8	303683.9	18.73	65.00	51221.5	197394.5

续表

潜力测算区	水田面积	旱地面积	水田撂荒率（%）	旱地撂荒率（%）	边际水田面积	边际旱地面积
十堰市	50947.3	149610.4	18.73	65.00	9542.4	97246.8
恩施州	130355.5	249723.2	20.00	50.00	26071.1	124861.6
宜昌市	145479.9	198052.9	20.00	50.00	29096.0	99026.5
神农架	160.9	6762.9	35.00	65.00	56.3	4395.9
合计	1514459.4	1218952.7	—	—	294244.4	695632.8

第三，测算丘陵山区边际土地的面积。在确定全省丘陵山区水田、旱地的撂荒率的基础上，用耕地撂荒率×耕地面积，分别得到边际水田与边际旱地的面积。根据以上计算，我们得到湖北省丘陵山区边际水田、旱地面积分别为294244.4 hm^2 与 695632.8 hm^2，分别占全省水田与旱地总面积的 11.29%与 37.07%。

两项合计，全省边际土地整治潜力区的面积共有 989877.2 hm^2，占全省耕地面积的 21.22%。

2. *废弃宅基地整治潜力分析*

（1）废弃宅基地的识别标准

废弃宅基地指因长期无人居住而破旧倒塌，不再具备居住功能的宅基地或因各种自然、人为因素影响而损毁、荒废的宅基地或旧村庄。近年来，随着农村人口非农化、农村住宅建新不拆旧等原因造成农村空心化程度越来越高，从而导致大量农村宅基地闲置荒废。废弃宅基地在湖北省丘陵山区比较常见，受自然条件的制约，许多老宅基地因区位交通不便、生态环境差、水电路设施不健全等因素导致废弃或长期闲置。因此，废弃宅基地的识别标准可从两个方面进行：其一是因区位交通不便、房屋始建年代久远且结构老化导致宅基地基本处于废弃状态，未来居住的可能性极小，这属于现实废弃宅基地整治潜力的范畴；其二是因区位交通不便、宅基地长期处于闲置状态，未来居住的可能性较小，未来一段时间内极有可能转换为废弃宅基地，这属于预期废弃宅基地整治潜力的范畴。

（2）废弃宅基地整治潜力分析

废弃宅基地整治潜力的测算分三步进行。

第一步，确定宅基地的闲置废弃比例。

由于准确获取区域宅基地的闲置废弃状况较困难，考虑丘陵山区与平原地区宅基地闲置废弃状态差异较大，我们以湖北省最重要的地貌类型（丘陵、山地与平原）为代表，分丘陵山区与平原地区两种典型类型，进行宅基地废弃比例的测定。丘陵山区包括恩施、十堰、襄阳、宜昌、随州、神农架、孝感、咸宁、黄石、黄冈与鄂州，平原地区包括荆州、荆门、潜江、仙桃、天门与武汉。

① 丘陵山区的闲置废弃比例的确定。项目组以2017年通城县沙堆镇（港背村、湾船咀村）与五里镇（金塘村、程凤村）375个农户作为丘陵地区的调研样本，采用入村入户调查的方式，获取农户家庭住宅及使用状态方面的信息；在此基础上，根据调研数据，求算丘陵山区农户家庭一户多宅的比例和宅基地的废弃比例，得到丘陵山区农户家庭废弃宅基地的比例为19.5%，结果见表4-9。

表4-9 通城县农户家庭宅基地使用状况

调研点	样本数（户）	户均宅基地面积（m^2）	人均宅基地面积（m^2）	一户多宅比例（%）	闲置废弃比例（%）
沙堆镇	207	218.1	42.4	17.4	12.0
五里镇	168	252.3	44.4	32.1	27.0
均值		235.2	43.4	24.75	19.5

② 平原地区宅基地闲置废弃比例通过参考文献法来确定。在查阅、比较大量相关文献的基础上，参考《两湖平原区农村宅基地退出潜力测算方法研究》一文的调研数据，得到平原地区农户家庭废弃宅基地的比例为19.64%（胡银根 等，2018），见表4-10。

表4-10 江汉平原农户家庭宅基地使用状况

单位：m^2

地区	村庄	使用中宅基地	空置宅基地	废弃宅基地	人均宅基地面积
武汉市	关山	11065.14	30362.66	0.00	49.97
	胡岭	12224.48	6858.25	0.00	29.45
潜江市	阳场	10037.21	3466.49	55.14	23.22
	公议	23283.96	9176.34	1205.24	30.06
均值					33.175

注：根据文献（俞孔坚 等，2009），结合调研数据整理而成。

第二步，分类测算湖北省丘陵山区与平原地区宅基地整治潜力。

① 丘陵山区废弃宅基地整治潜力测算。其测算公式为：

$$S_z = H_z \times (1 + R_d) \times S_a \times R_h \qquad (4-2)$$

式中，S_z 表示废弃宅基地总整治潜力，H_z 表示乡村总户数，R_d 表示丘陵山区一户多宅的比例，S_a 表示户均宅基地面积，R_h 表示丘陵山区宅基地废弃比例。依据 2017 年《湖北农村统计年鉴》地区乡村户数数据，R_d、S_a 和 R_h 平均值分别为 24.8%、235.2 m^2和 19.5%。测算结果见表 4-11。

表 4-11　湖北省丘陵山区废弃宅基地整治潜力测算

潜力测算区	乡村户数（户）	一户多宅的比例（%）	宅基地平均闲置废弃比例（%）	户均宅基地面积（m^2）	整治潜力（hm^2）
恩施	933000	24.8	19.5	235.2	5340.30
十堰	672100	24.8	19.5	235.2	3846.97
襄阳	1024200	24.8	19.5	235.2	5862.31
宜昌	898000	24.8	19.5	235.2	5139.97
随州	524500	24.8	19.5	235.2	3002.13
神农架	13700	24.8	19.5	235.2	78.42
咸宁	529000	24.8	19.5	235.2	3027.89
孝感	1042100	24.8	19.5	235.2	5964.77
黄冈	1586400	24.8	19.5	235.2	9080.23
黄石	402000	24.8	19.5	235.2	2300.97
鄂州	221100	24.8	19.5	235.2	1265.53
合计	7846100				44909.49

② 平原地区废弃宅基地整治潜力测算。

其测算公式为：

$$S_z = P_z \times S_p \times R_p \quad (4-3)$$

式中，S_z 表示宅基地总整治潜力，P_z 表示乡村总人数，S_p 表示平原地区人均宅基地面积，R_p 表示平原地区宅基地平均闲置废弃比例。P_z 依据 2017 年《湖北农村统计年鉴》中的平原地区乡村总人数，S_p、R_p 平均值分别为 33.17 m^2、19.64%。平原地区废弃宅基地整治潜力为 7716.95 hm^2。

第三步，全省废弃宅基地整治潜力的汇总。

从表 4-11 与表 4-12 的数据来看，湖北省丘陵山区废弃宅基地的整治潜力为 44909.49 hm^2，平原地区废弃宅基地的整治潜力为 7716.95 hm^2。两项合计得到湖北省废弃宅基地整治的总潜力为 52626.45 hm^2，占全省宅基地面积的 19.52%。

表 4-12 湖北省平原地区废弃宅基地整治潜力测算

潜力测算区	乡村人数（万）	宅基地平均闲置废弃比例（%）	人均宅基地面积（m^2）	测算结果（hm^2）
荆州	4424500	19.64	33.17	2882.37
荆门	1929000	19.64	33.17	1256.66
潜江	600300	19.64	33.17	391.07
仙桃	1170400	19.64	33.17	762.46
天门	1269000	19.64	33.17	826.70
武汉	2452500	19.64	33.17	1597.69
合计	11845700			7716.95

3. 生态低值地整治潜力分析

（1）生态低值地的识别标准

生态低值地主要包括农村集体使用的“四荒地”和农村集体经济组织所有的“四荒地”，具体为荒山、荒沟、荒丘、荒滩等未利用的土地。“四荒地”在南方丘陵山区极具代表性，这是土地退化的结果，主要受人为及自然等多因素影响而形成，若未得到有效治理将会加剧水土流失、土地荒漠化，土壤将愈加贫瘠，不利于地区经济和生态的可持续发展。

（2）生态低值地潜力测算

现有统计资料并没有具体统计荒山、荒沟、荒丘和荒滩的面积，分类测算不同类型的生态低值地的潜力较困难，我们采用已有文献资料法，收集相关荒地、荒山的统计数据，再根据近些年来对荒地、荒山的整治情况估算湖北省生态低值地的整治潜力。湖北省境内低效利用的荒地主要分布在丘陵山区，十堰、恩施、襄樊、宜昌四个市（州）合计占全省荒地面积 70%（涂成焱 等，1995）。据文献资料统计，1995 年湖北省总荒地面积达到 330 万 hm^2，10 年来特别是 2000 年以来，随着国家生态环境治理战略及六大林业工程的实施，湖北省荒山、荒地面积减少了 27.2%（程碧海，2009），到“十一五”结束荒地总面积可减少到 240 万 hm^2。近些年来，湖北省整体荒地荒山整治力度不大，迄今为止，荒地整治面积还有接近 200 万 hm^2 的潜力，占全省面积的 10.7%，可见生态低值地整治潜力巨大。

从区域分布来看，这些生态低值地的分布不均匀，生态低值地面积大、占比高的地区是重点整治区，宜优先整治。基于文献研究确定的荒地面积在全省荒地面积中的比重，分别估算各区域生态低值地的整治面积与占比，见表 4-13。

表 4-13 湖北省丘陵山区生态低值地整治潜力测算

测算区	荒地面积占全省荒地面积比重（%）	生态低值地面积（hm^2）	生态低值地占当地土地面积比例（%）
十堰	22.00	440000	18.64
恩施	20.00	400000	16.59
宜昌	15.00	300000	14.29
襄阳	12.30	246000	12.49
咸宁	7.90	158000	15.62
黄冈	6.10	122000	6.99

由表 4-13 可知，生态低值地整治的重点区域为鄂西地区和鄂东地区，十堰、恩施、襄阳、宜昌为重点整治区域，咸宁、黄冈为次重点整治区域。十堰生态低值地整治面积为 440000 hm^2，占当地国土面积的 18.64%；恩施为 400000 hm^2，占当地国土面积的 16.59%；宜昌为 300000 hm^2，占当地国土面积的 14.29%；襄阳为 246000 hm^2，占当地国土面积的 12.49%；咸宁为 158000 hm^2，占当地国土面积的 15.62%；黄冈为 122000 hm^2，占当地国土面积的 6.99%。

4. 生态廊道地整治潜力分析

生态廊道地主要出现在不同地块间、异质景观类型间的结合部，有线性带状特征，如沟、渠、河水系等连通性土地。这类土地不仅有水利灌排功能，而且兼有生物连通廊道与异质景观交汇等多种功能，是提升土地综合整治功效的画龙点睛之地。下面，重点分析水生态廊道地整治潜力。水生态廊道建设的主要目标，一是从宏观视角重构区域尺度上的江、河、湖、塘、沟（渠）等水体在生态学上的联通关系，二是从微观视角重塑地块尺度上的水土交互关系。

从这两个目标来看，湖北省水生态廊道地的整治潜力与水体水系状况紧密相关。湖北省有得“水”独厚的优势，河网水系密布，境内中小河流共有 1193 条，总长度达 3.5 万多千米。长江由西向东横贯湖北全省，从鄂西横切大巴山由巴东县鳊鱼溪河口进入湖北，流经 26 个县（市、区），流程 1038 km；长江流域最大支流汉江由陕西白河县将军河进入湖北郧西县，由西北趋东南，流经 13 个县（市、区），在武汉汇入长江，流程 858 km，其全长的 3/4 在湖北省境内，与源出边境山地的众多河流共同汇注长江。湖北也是“千湖之省”。湖北省境内淡水湖泊众多，多分布在江汉平原上，洪湖、梁子湖面积均在 200 km^2 以上。但是，在长期土地利用过程中，很多地区的“江湖”关系在空间上出现了重大调整，原有水系格局出现显著变化，江、河、湖、塘、沟（渠）等水体在空间上不断萎缩。全省 100 亩以上湖泊从 20 世纪 50 年代的 1332 个锐减为 80 年代的 843 个，相应中水位时的水面面积从 8528.2 km^2 锐减为 2983.5 km^2。其中，水面 5000 亩以上湖泊从 322 个减少为 125 个。在水体面积缩小过程中，水体之间的联通路径不畅，有的湖泊已成“内陆性”的独立水体。80 年代以后，湖北省湖泊数量、面积、容积萎缩势头有所减缓，但总体上仍呈萎缩趋势。

从生态土地整治来看，宜在沿河、沿湖地带进行土地利用调整，在空间上重构水体之间的联通廊道，并在廊道两岸种植林（草），形成沿河沿湖生态保护系统。可见，湖北省水生态廊道土地整治的任务重、潜力大。

第五章 新时代生态用地整治的地方创新与整治对策

近年来，我国土地整治过程中的生态意识越来越浓，部分省份在土地整治过程中已开始探索生态用地的整治，出现了一些有代表性的典型案例。本章基于我国土地整治现状，重点对生态用地整治的湖北模式与浙江模式进行剖析，系统介绍其率先试点探索的背景、进展、成效、经验与问题，以及在生态文明建设的新时代生态用地整治应该遵循的原则、采取的策略等。

一、生态用地整治的试点实践：湖北模式

习近平总书记强调，“生态文明建设是关系中华民族永续发展的根本大计”。我国生态文明建设正处于压力叠加、负重前行的关键期，已进入提供更多优质生态产品以满足人民日益增长的优美生态环境需要的攻坚期，也到了有条件、有能力解决生态环境突出问题的窗口期。当前，生态环境质量差、污染物排放量大、生态受损严重、环境风险突出，与全面建成小康社会的要求差距较大。在这种背景下，我们宜积极探索、大胆推进生态用地的整治工作，在乡村振兴战略实践过程中谱写新的国土整治篇章。

（一）湖北省率先试点土地综合整治生态项目的背景与基础

1. 土地综合整治工作的扎实推进为生态用地整治奠定了基础

湖北省是全国土地整治的发祥地，多年来土地整治成效显著。1988 年全国土地整治的首个试点便选择在荆州，以试点为契机，历届湖北省委、省政府

高度重视土地整治工作，成效明显。特别是2004年以来，湖北省不仅在土地条件好的地区（如江汉平原）加大了粮食主产区高产农田的土地整治工作，而且还在38个贫困县安排了326个土地整治项目，共完成土地整治1600多万亩。从耕地面积增加、农业生产条件改善、农民增收与乡村发展等方面考察，湖北省的土地整治工作与土地利用“四项创新”等工作成绩斐然，工作亮点频现。以咸宁市嘉鱼县为例，该县是全国第一批116个基本农田保护示范县、湖北省46个粮食主产区和13个整体推进农村土地整治示范县。

湖北省土地整治工作的创新成绩近年来受到国内外相关专家的肯定。在2016年4月7日我国国土资源部土地整治中心组织召开的中德土地整治法治建设交流研讨会上，德国专家对湖北省土地整治探索发动公众参与，实施生态景观整治改造的做法给予高度评价，自然资源部土地整治中心副主任罗明在点评中讲到，这几年湖北省的国土整治工作成效明显，探索了很多创新做法，为我们下一步土地整治工作开展摸索了经验，提供了示范，希望湖北先行先试，国土资源部土地整治中心和德国专家将积极参与，共同促进土地整治工作向更高层次迈进。

2. 土地生态整治试点项目为乡村生态文明建设积累了经验

在新型城镇化过程中，建设生态城市与美丽乡村已成为社会的共同目标，而生态用地的保护与生态服务功能的提升成为实现这一目标的资源基础。但在过去20多年的城镇化过程中，我国持续发展的生态资源基础受到严重破坏，国土生态安全与持续发展已经面临严峻挑战。党的十八届三中全会以来，我国制定了快速城镇化的新规划，这就意味着将有更多的农户从田间地头进入城镇，城镇建设用地将会在空间上进一步扩张，城镇周边的森林、农田、草地与水体湿地等生态用地也将面临更加严峻的形势。如果在新一轮城镇化过程中还出现生态用地迅速减少的局面，我国生态安全问题将会更加严重。因此，保护好生态土地，提升生态土地的生态服务价值已成为我国生态文明建设过程中的当务之急。基于国情，国土资源部在启动“十三五”土地整治规划编制时已将改善生态环境作为根本要求。但是，到底如何进行生态用地整治、如何提升生态用地的服务功能等问题，却是个新的课题。

为此，湖北省国土资源厅在总结多年土地整治工作实践经验的基础上，对湖北省丘陵山区部分土地整治项目实施过程中出现的一些生态与不可持续发展方面的问题有着客观、清醒的认识，深刻认识到“切实转变观念，树立绿色、生态理念，积极开展生态整治研究”的重要性，意识到在丘陵山区（尤其是在边际化程度较高的丘陵山区），宜进行以提升生态服务功能为目标的生态用地整治，而不宜进行以粮食生产为目标的土地整治。但是，在什么地方进行生态用地的整治，在技术层面上如何进行生态用地的整治，在管理层面如何建立运作机制等问题，需要新的探索与试点。在这种背景下，湖北省国土资源厅土地整治局于 2015 年启动了生态型土地整治项目建设试点工作。试点项目的实施为湖北省下一阶段生态土地的整治与生态文明的建设奠定了良好的工作基础。

3. 湖北省率先推进生态土地综合整治工作具有独特的综合优势

（1）多山的土地资源基础：丘陵山区对生态用地整治有内在需求

湖北省地处我国中部，地势为东、西、北三面环山，中间低平，略呈向南敞开的不完整盆地。全省国土总面积 18.59 万 km^2，占全国总面积的 1.94%。其中，平原湖区占全省土地总面积的 20%，主要以中部江汉平原和鄂东沿江平原为代表，是比较典型的河积—湖积平原，地面平坦，河网、湖泊密布，土壤肥沃，是中国著名的“鱼米之乡”与商品粮生产基础。这里是我国过去十年来土地整治的重点区域，设有许多高产农田示范项目。湖北省山地较多，面积较大，占全省土地总面积的 56%，主要有西北山地（秦岭东延部分和大巴山的东段）、西南山地（云贵高原的东北延伸部分）、东北山地（绵亘于豫、鄂、皖边境的桐柏山、大别山脉）与东南山地（蜿蜒于湘、鄂、赣边境的幕阜山脉），这四大山区地势较高，群山叠嶂，河谷幽深，森林茂密，也是湖北省区位不便、经济落后的地区。湖北省的丘陵占土地总面积的 24%，包括鄂中丘陵与鄂东北丘陵两大区域；湖北省丘陵以低丘为主，地势起伏较小，丘间沟谷开阔，土层较厚，宜农宜林；但是，经济仍较落后，是湖北省贫困县（市、区）比较集中分布的地区。尤其是 10 多年来，这些丘陵山区农地边际化现象较为严重，目前在很多地区仍然有许多弃耕的农地、废弃的房屋与凋敝的村庄。这些地区对生态用地整治具有强烈的内在需求。

（2）丰富的土地整治工作经验：扎实的工作基础、规范的管理制度

湖北省的土地整治工作起步较早，工作力度较大，创新性较强。10 多年来，湖北省在 38 个贫困县安排了土地整治项目 326 个，建设规模达 416 万亩，总投资 86.5 亿元。从耕地面积增加、农业生产条件改善、农民增收与乡村发展等方面考察，湖北省的土地整治工作与土地利用“四项创新”等工作成绩斐然。更为可贵的是，湖北省国土资源厅在这一过程中不仅建设了一支积极进取、不断创新、工作扎实、作风过硬的土地整治队伍，而且出台了《湖北省土地整治项目立项申报审批管理办法》《湖北省土地整治项目实施准备管理办法》

《湖北省土地整治项目工程监理管理办法》与《湖北省土地整治项目竣工验收管理办法》等一系列管理制度，这为湖北省开展生态用地整治工作奠定了扎实的基础。

（3）强大的高等院校优势：理论创新与专业人才优势

根据教育部 2015 年发布的数据，全国普通高等学校 2553 所（含独立设置民办普通高校 447 所，独立学院 275 所，中外合作办学 7 所），湖北省占了 123 所。从本科院校数量来看，湖北省有 67 所，排在全国第三名，在校大学生规模达到 130 万人，是名副其实的高教大省。在这些大学中，有武汉大学、华中科技大学、中国地质大学、华中农业大学、华中师范大学、中南民族大学、湖北科技学院等十多所高校，均设有土地资源管理等相关专业，为我国土地资源的管理培养从本科到硕士与博士的高级专门人才；高校及其相关研究院许多知名学者专门从事土地规划、土地开发利用、土地整治与土地管理等方面的研究，与湖北省国土资源厅有良好的合作关系。这些高校可以为湖北省生态用地整治所需要的理论创新与专业人才提供智力支撑。

（二）湖北省土地综合整治生态项目试点的进展

1. 生态用地整治试点项目进展

加快生态文明建设是国家重要战略部署。国土资源部在启动“十三五”土地整治规划编制时，将改善生态环境作为根本要求。为探索和推动湖北省土地整治向绿色、循环、低碳、可持续方向发展，湖北省国土资源厅在 2015 年 8 月在全省就生态型土地整治项目建设试点展开部署，并率先在随州市、广水市与咸宁市、赤壁市进行试点。国土资源部土地整治中心的相关领导也多次到湖北进行现场调研与指导，生态用地整治工作正在不断深入，部分地区的试点工作取得了显著进展，为湖北省系统推进生态用地的整治工作奠定了良好的基础。下面重点介绍湖北省广水市与赤壁市试点项目的进展状况。

（1）广水市武胜关镇桃源村的生态用地整治与美丽乡村建设

广水市位于湖北省东部，地处桐柏山脉东南麓，大别山脉西端，地形自北向南，山地、丘陵、岗地、沿河小块平原依次分布，具有“鄂北门户”之称，属于典型的丘陵山区。武胜关镇桃源村位于广水、大悟、信阳三地交界处，南悟公路贯穿南北，京广铁路、107 国道擦肩而过，交通便利，四面环山，生态优良，田园气息浓厚，是一方生态净土，图 5-1 是桃源村的鸟瞰景象。

桃源村国土面积 8.65 km^2，耕地 1089 亩，林地 5800 亩。全村辖有 11 个

图 5-1　鸟瞰桃源村（视界网，彭晓华摄）

村民小组 380 户 1642 人，外出务工 820 人，空巢老人 81 人，留守儿童 26 人，建卡贫困户 51 户 133 人。20 世纪 90 年代，桃源村的许多青壮年纷纷外出经商务工。“进城潮”让一座座石屋空了下来，有些石屋逐渐凋敝，只剩下断壁残垣，如图 5-2 所示的废弃石屋。

图 5-2　项目整治前的废弃石屋

在农地边际化规律作用下，桃源小河两岸的农田也因此出现粗放经营与弃耕撂荒的现象，图 5-3 是项目整治前农地撂荒的状况。

图 5-3　项目整治前的弃耕农地

为更好地落实和推动生态文明建设，广水市在构建美丽乡村建设工作中通过实行乡村规划、产业发展、基础提升、生态旅游的“四位一体”建设，积极探索具有本地特色的新农村建设模式。2012 年，桃源村以其保存完好的数百座民居及保护良好的生态环境被湖北省批准为全省首个“绿色幸福村”建设试点；2013 年 11 月被农业部明确为全国“美丽乡村创建试点”；2015 年被湖北省列为土地生态整治试点项目区。

在这些项目的支持下，项目建设者坚持以党的十八届四中、五中、六中全会精神为指导，以创建湖北省文明村庄为目标，按照“风貌古朴、功能现代、产业绿色、文明质朴”的理念，通过“1355 模式”建设美丽桃源，即建设一条 5 km 美丽乡村绿色长廊，建立三个标杆（乡愁模式标杆、产业发展标杆、农村文化标杆），擦亮五张名片（中国九大名关武胜关、咸丰皇帝御赐孝子碑、宋朝抗金名将狄青将军寨、鸡公山风景区重要景点黑龙潭、中国美丽宜居村庄桃源村），打造五个桃源（产业桃源、文化桃源、特色桃源、旅游桃源、宜居桃源），活化传统村落，叫响乡愁记忆。

桃源村的项目建设没有大拆大建，没有成排上线，着力进行古民居修复改造、村庄环境整治、生态环境修复、乡村景观建设、推广有机农业、成立产业基金互助合作社等一系列工程。期间改造民居 168 户，完成 7.5 km 通村公路的改造升级，整修河道 3 km，改造了彭二湾、知青客栈、江家桃源石屋群，发展了千亩有机茶园，保护了万棵柿子树，新建了 500 亩观光采摘园，实现了三个回归，即修复环境让鸟回归，搭建平台让人回归，崇文尚礼让心回归，如图 5-4 所示。

图 5-4　土地生态整治后的桃源小河

总的来看，桃园村的生态土地综合整治工作不仅在土地整治规划设计阶段融入了生态文明建设与生态景观理念，而且施工工艺中注重与原生态的自然景观格局相辉映，尤其是在水生廊道地与废弃民居点整治方面进行了一系列创新性的实践探索，走出一条生态型的土地整治之路（吴鹏，2017）。经过几年的整治与建设，曾经土地荒芜、人口空心化、生态退化的桃源村已在悄然改变：桃源的地种上了，水干净了，生态修复了，背井离乡的村民开始回归了，家庭式的农家乐开起来了，投资商来了，远近的游客来了……桃源村因此被评为中国“美丽乡村”创建试点村、列入第三批中国“传统村落”名录、第三批中国“美丽宜居村庄”示范村、中国乡村旅游创客创业示范基地、湖北省“荆楚最美乡村”、湖北省“宜居村庄”、湖北省“旅游名村”等荣誉称号。

（2）广水市杨寨镇丁湾村美丽乡村建设中的生态用地整治

丁湾村位于广水市杨寨镇北部，广水河东岸，东与仁寨村接壤，南与杨田村毗邻，西与李店乡薛田村交界，北与京桥村相连。京广铁路、107 国道纵贯全境。国土面积 2.5 km^2，辖 15 个自然湾、18 个村民小组，632 户，总人口 2663 人。全村共有耕地 2083 亩，山场 1102 亩，水面 320 亩。丁湾村地处丘陵地带，兼有田、岗、冲、坡、塘、山等多种自然风貌，土壤为黏、沙性较强，秋旱少雨，农业灌溉条件较差，素有“十年九旱”之称。在农地边际化规律作用下，本村出现山丘低效利用（图 5-5）与耕地大量撂荒的现象（图 5-6）。

图 5-5　丁湾村低效利用的荒丘土地

图 5-6　丁湾村待整治的撂荒农地

在美丽乡村建设过程中，丁湾村通过编制美丽乡村建设规划，确定“以丘为貌、以田为景、以楚为居”的风格和“宜居、宜业、宜旅”的鄂北丘陵地区美丽乡村旅游目标。针对地形地貌特征和农业传统，确定了“一带三片九园”的农业产业格局和“一环一带多点”的旅游格局，引导企业和农户通过开设旅游接待、农家体验、文化赏析、餐饮住宿等旅游服务项目增收创收，以实现美丽乡村生活美、生态美、产业美、人文美、个性美。在美丽乡村全域旅游推进过程中，注重一二三产业的融合，以鑫沄公司为主导，流转土地 3000 亩，广泛开展规模种植、养殖、食品生产、农业休闲观光等活动，建设了集餐饮、住宿、会务、观光垂钓等功能的“汝堂春”庄园综合体项目；实施了百亩荷塘、格桑花海、乌桕林观光、青青牧场、盆景园、石榴园、樱花园等项目。

在生态用地整治方面，丁湾村围绕绿色生态建设这个中心，以环田野景观休闲圈为目标，启动了丁湾水系疏浚，整理了竹园、茶园等原有植被，突出“移步见景、满眼是绿”发展方向。建设伊始，制定出村规民约，禁止砍柴砍树。建设之中，突出生态智慧农业、生态休闲观光和生态功能保护。主要包括四区：1500 亩苗木花卉区，栽种紫藤、樟树、桂花、格桑花、樱花等；150 亩农家果园区，栽种本地胭脂红桃树、苹果、橙子、冬枣等；100 亩原生态林区，以新建何家湾至付家畈生态路为契机，新植了 9 万余株乌桕树，保留了原来松柏林；新增 200 亩荷塘，抢抓全省“绿满荆楚”机遇，在镇区至丁湾 107 国道两边栽种了红叶石楠、桂花等苗圃景观树 12 万株，打造丁湾美丽个性。通过水体整治、植被修复、生态美化、景观设计，一个具有生态修复、风景观光、运动拓展的田野休闲观光环线已初显雏形。

经过几年的建设，目前已累计投资上亿元，基本形成了生态美丽的田园乡村。曾经低效利用的荒丘已变成了一望无垠的格桑花花园与林特果园（图 5-7），曾经荒芜的农地已种上玉米与有机水稻（图 5-8）。

图 5-7　丁湾村荒丘整治后变成了格桑花花园（左）与林特果园（右）

图 5-8　丁湾村弃耕农地已种上玉米（左）与生态有机水稻（右）

如今的丁湾，从过去一个“山多无树木，遍地皆黄土”的名不见经传的乡村，经过一年多的全力打造和苦心耕耘，终于脱颖而出，向人们展示了一个“地域不大但风景如画、规模虽小但生活富饶、地处丘陵但祥和安宁”的魅力乡村。

（3）赤壁市生态用地整治试点项目建设情况

赤壁市地处长江中游南岸，幕阜山余脉鄂东南丘陵区，为幕阜山区向江汉平原过渡地带。东南负群山，西北邻长江，地势由东南向西北逐渐倾斜。赤壁市位于湖北省东南部，幕阜山北麓，素有“湖北南大门”之称。赤壁市地形复杂，低山、丘陵、平原由南至北依次排列，构成“六山二水二分田”的格局。赤壁市在区位上地处武汉城市圈、长株潭（长沙、株洲、湘潭）城市群两大区域经济体的结合部，是长江经济带的重要节点，也是欧亚万里茶道源头起点。2015 年年底，全市户籍人口为 53.34 万，人均耕地 1.05 亩，是一个人地矛盾突出的县级城市。

但是，20 多年来，在农地利用过程中却出现了农业劳动力大量流失、耕地流失加快、农地粗放经营与弃耕撂荒等问题，农地边际化现象日趋严重（刘成武 等，2014）。由于地块分散、经济效益不好，不少农民只能外出务工，农村因此出现大量土地闲置与田地抛荒的现象（图 5-9）。如何破解农村劳动力“打工顾不上种地、种地耽误挣钱、花钱种地成本高、土地撂荒心不甘”的困局，是地方政府基层治理与土地整治的一道难题。

图 5-9　赤壁市闲置的水田（左）与撂荒多年的旱地（右）

近年来，赤壁市为适应新形势、新要求，在湖北省自然资源厅土地整治中心的大力支持下，积极推动土地整治向绿色、循环、低碳、可持续方向发展，对接“一带一路”长江经济带和中俄万里茶道融合发展的战略，重振茶叶产业，做大做强做优羊楼洞区域文化旅游经济，促进赤壁市茶产业、茶文化发展，将改善生态环境作为根本要求，紧紧围绕“十三五”土地整治规划编制将改善生态环境作为根本要求，重点建设官塘驿镇葛仙山生态用地整治试点项目 52500 亩，赵李桥生态用地整治试点项目 15000 亩，赤壁景区沿线生态用地整治试点项目 15000 亩。目前试点项目相关工作正在顺利推进。

官塘驿镇葛仙山北片项目区地处山区的中坪村境内，海拔 642.7 m，不宜进行土地平整工程，通过加固硬化田埂、人行桥，在保护生态环境的前提下发展农村生态旅游。提高交通便利度，对进出景区主干道进行改扩建。拓宽老虎岩村至葛仙山村观光旅游公路 12.5 km，经芳世湾大桥，连通赤壁市陆水湖风景区。配套生态游在项目区内进行部分低丘岗地改造，发展特色茶产业基地、水果基地等。建设 2.1 万亩野樱花观赏基地（图 5-10），1000 亩有机茶叶基地，500 亩有机蔬菜基地，500 亩野菜基地，30 家农家乐。

赤壁市中伙铺镇官庄村前些年有大片水田、池塘没有得到有效利用，乡村发展陷入困境。在美丽乡村建设过程中，该村依托乡村生态优势，以生态用地

图 5-10　官塘驿镇葛仙山野樱花观赏基地

整治项目为支撑，通过“合作社＋农户”的经营模式，采用大田托管形式流转土地，实行“虾稻套养”，并开发种植莲藕、茭白等绿色蔬菜，每亩土地收益达 3000 多元，实现了“一水两用、一田双收、一稻三虾”，解决了丘陵地区农田产值不高、抛荒严重等问题。如图 5-11 所示的是低洼闲置水田整治后的“虾稻套养”用地情况。

图 5-11　官庄村低洼水田的“虾稻套养”用地模式

赤壁市赵李桥生态土地整理项目位于赵李桥镇、新店镇、茶庵岭镇，总面积 18842.67 hm^2，其中：赵李桥镇面积 10871.11 hm^2，新店镇 1727.38 hm^2，茶庵岭镇面积 6244.18 hm^2，整个项目区林地面积 13422.67 hm^2，耕地面积 4300 hm^2，水域面积 350 hm^2，其他地类面积 770 hm^2，已实施的土地整理项目 3117.41 hm^2，适宜生态土地整理项目 3333.33 hm^2。赵李桥镇产茶历史悠久，在国内外享誉盛名。赵李桥镇充分发挥区位优势，实施创意农业策划，在柳林村、羊楼洞村、石人泉村、百花岭村打造连片农业休闲观光带。沿镇的旅游公路布局农业旅游观光、现代农业展示、田园观光、农业生产体验、瓜菜采摘、农家旅馆、特色餐饮、垂钓捕捞等休闲农业和乡村旅游产品。如图 5-12 所示的茶园曾经是低效利用的低丘，目前已整治成了观光茶园。

图 5-12　羊楼洞卓尔小镇万亩茶园

从赤壁市生态用地整治试点项目的情况来看，赤壁市紧密结合当地实际，因地制宜开展土地整治工作，坚持把改善生态环境作为重点，土地整治开始从耕地保护以数量管护为主转向数量、质量、生态管护相统一。生态用地整治为地方特色茶果产业的发展、历史文化的传承、生态观光旅游的发展等注入了活力，生态用地整治与美丽乡村建设的同步推进取得了良好进展。

国土资源部土地整治中心副主任罗明在赤壁市调研时对赤壁市生态用地整治试点项目建设工作给予了肯定，并对赤壁市下一阶段的工作提出了意见和建议。他说，国土综合整治工作是发展的重点，赤壁市以羊楼洞茶文化发展为依托做生态用地整治试点项目建设工作潜力巨大，要找准目标，将生态整治项目建设与当地的开发相结合，整合资源，注重土地整治对自然的干扰和损害，保护和恢复自然景观，传承历史文化，保护特色风貌，体现传承历史文化村落保护与开发土地整治新思路（陈艺夫，2015）。

2. 试点项目取得的成绩

从 2015 年 8 月湖北省启动生态型土地整治项目建设试点以来，一线试点的县（市、区）进行了诸多创新性的探索，国家土地整治中心对湖北省生态用地整治试点工作非常重视，有多位领导到试点项目区考察调研，进行现场指导。总的来看，生态用地整治试点取得了较好的进展。广水市打造“四位一体”的美丽乡村，注重人地关系和谐、人与自然的和谐，对生态用地整治工作的开展提供了借鉴；赤壁市低丘岗地的生态整治与美丽乡村建设，在生态土地的整治上进行突破和创新，不仅改善了当地的生态景观面貌，提升了生态土地的社会、经济与生态价值，而且有效改善了乡村生态宜居的环境，对湖北省开展生态用地整治工作具有一定的启示与参考意义。

具体来讲，湖北省的试点项目在以下几个方面取得了突破。

（1）整治目标：从增地、增产目标到兼顾生态文明建设目标

例如，赤壁市在生态用地整治过程中围绕“青山、绿水、蓝天、香城”的生态环境定位，将增加耕地面积、提高耕地质量和改善农村生态环境作为土地整治的整体目标，既注重高标准基本农田的建设，对土地整治项目区进行统一规划，集中调整地块功能，整合废弃农用地，消除细碎田块、部分田埂，整治一些废弃的沟、塘，也注重优化“田、水、路、林、村”景观格局，项目建设不片面地追求“田成方、路成行”，不以增加耕地数量为硬性指标，融入生物多样性保护，增加农作物天敌的生存环境，实现“生态大保护”与“耕地大连片”双重目标。生态用地整治目标的不断提升，拉开了土地整治与乡村振兴、精准扶贫、生态保护、现代农业等多元化目标相结合的序幕。

（2）整治内涵：从农地要素拓展到突出生态要素，兼顾聚落文化传承与特色景观保护

传统的土地整治以农地要素为核心，而生态用地整治从项目论证、规划设计到工程实施等环节，均融入了生态文明建设的理念，突出对生态要素的整治。广水市桃源村在生态用地整治过程中特别注重“生态要素”的保护。例如，在河溪整治时，就通过生态化的工程措施就地取材，成功构建了生态型的“水生廊道”系统。桃源村的项目建设没有大拆大建，没有成排上线，而是着力进行古民居修复改造、村庄环境整治、生态环境修复与乡村景观建设，比较好地修复了桃源石屋群，保护了万棵柿子树。总之，生态用地整治在内涵上不

断深化，由数量管理到质量管理再到生态管护，并兼顾乡村聚落文化的传承与特色景观的保护，外延上已由单纯补充耕地数量拓展为综合性地改造治理利用不足、利用不当和利用过度的各类土地（郧宛琪 等，2016）。

（3）整治区域：从单个整治项目地块延伸到项目区所在的乡村地区

以农地要素为核心的土地整治多以“地块”为单元，重点对地块内的“田、水、路、林、村”等要素进行整治。而这种以地块为单元的整治模式忽视了地块间的生态联系，不利于区域土地生态系统的重构。广水市和赤壁市两个县（市）的试点实践证明，生态土地的整治是一种综合性的整治，不仅注重单个地块的整理，而且重视不同要素之间的内在联系，强调区域上所有要素的协调整治。试点项目的成功标志着以地块为单元的土地整治开始转向以乡村为单元的综合性土地整治。

（4）整治模式：统筹各种资源，与农业和水利等部门、企业与农户等进行对接，集中力量协调推进生态用地整治工作

乡村振兴涉及多个部门，有来自不同的部门的项目与资金。乡村的生态用地整治能否与这些资源协同发力对乡村振兴具有重要的影响。从两个地方的试点来看，他们均注重与其他部门的协同配合，以提高生态用地整治的效果。例如，赤壁市在生态用地整治过程中，结合当前“美丽乡村”的建设，借助土地整治对农村旧房进行系统改造，充分利用整合涉农资金，建设新的中心社区，新修道路、改造旱厕、修建健身广场等农村基础设施以及公共服务配置，促进农村绿化、污染净化、居住环境美化的三大提升，全力服务城乡一体化建设。以生态用地整治项目为基础，统筹发改、水利等部门涉农资金，配套相关项目建设，提升生态项目品位，充分发挥项目最大的社会效益、经济效益和生态效益，是生态用地整治模式创新的新探索。

3. 待突破的问题

（1）大力推进生态用地整治的认识还有待进一步提高

从基本农田整理、高产示范农田建设，到低丘岗地改造，再到生态型土地的整治试点，标志着湖北省在土地综合整治方面，从理论认识到实践探索均有较大的创新与发展。尽管生态型土地整治开始重视生态要素的保护与整治，但生态型土地整治总体上还停留在传统土地整治框架之内，其整治理念、整治目标、整治要素等还不同于生态土地的综合整治，广大群众包括许多基层土地整治工作者对新时代生态用地整治的意义、目标等问题认识还不到位，因此，在乡村振兴与生态文明建设过程中，需要我们加大生态用地整治的宣传力度，让

广大群众充分认识生态用地整治的必要性与紧迫性。

(2) 整治尺度上的“地块式”禁锢严重，区域视角的生态用地整治理念待形成

我国目前进行的土地整治以划定一定面积的项目区来进行，项目区的“地块式”特征明显，通过现有整治方式可以比较好地解决“地块内”的问题，达到改善项目区增地、增产的目标，而且这种整治在项目操作上比较容易，便于国土管理部门组织实施。但是，这种小尺度“地块式”的整治却割裂了“地块”与整个区域之间的生态、经济与社会多个维度的内在联系，不利于乡村地区土地资源的可持续开发利用，不利于乡村聚落文化的传承与特色景观的保护，对振兴乡村的产业与建设生态美丽宜居的乡村不利。因此，需要我们突破“地块式”整治模式的禁锢，从区域视角推进综合性的生态用地整治，重构乡村尺度上的“山水林田湖草”生命系统。

(3) 生态用地整治的关键理论与技术缺乏，影响生态用地整治工作的深入

区域视角的生态用地综合整治是传统土地整治与生态型土地整治的升级版，与常规土地整治之间有紧密的联系，存在一些共性的东西，但又与常规性的土地整治有着本质的区别。从目前的理论研究与项目试点现状来看，对生态用地整治的内涵（概念、对象、目标、任务）与生态用地整治的关键要素（地、水、道、林（草）、网）、不同生态用地的整治方向等关键理论问题研究不多；对生态用地整治项目区的遴选与可行性研究、生态用地整治项目的规划设计、生态用地整治项目的施工、生态用地整治项目效益评价等关键技术更是缺乏共性认识，没有规范标准。生态用地整治理论与技术方面的不足，影响新时代生态用地整治工作的深入。

(4) 在整治机制上突破“九龙治水”困境，建立多部门的合作机制势在必行

区域视角的生态用地整治不仅涵盖山水林田湖草等自然环境要素，而且还包括产业发展、景观建设与文化传承等社会经济要素，其整治的资金来源众多，涉及国土厅、农办、发改委、财政厅、环保厅、建设厅、交通运输厅、水利厅、农业厅、林业厅等多个管理部门。现状是各部门各自以相应的项目来支持乡村发展，领域间的“地盘意识”深厚，部门间缺乏有效的协作机制，乡村分散的资金不能有效地整合起来使用，达不到综合整治的效果。此外，项目资金不能及时到位，直接影响土地整治项目的施工工期及工程质量（有部分项目资金被县级财政临时用于其他紧急项目）。由于多种客观原因，一些市、县级土地整治项目资金或需配套的一些项目资金不能按项目预算兑现，造成一些项

目被迫停工或一些工程项目被迫取消。因此，在生态用地综合整治过程中突破“九龙治水”困境，建立多部门的合作机制势在必行。

（5）生态土地整治虽有谋划，但未全面推开

“十三五”土地整治依靠规划顶层设计，宣传生态文明理念，拓宽和提升土地整治内容，推动土地整治向生态型方向转变，取得了一些典型经验。但与国外综合性土地整治内容和工程技术以及中国生态文明建设时代要求相比，中国土地整治在促进生态环境提升方面仍然存在较大差距，任务艰巨。尤其是在规划中缺乏定量化目标和实施抓手，在项目实施中缺乏思想理念指导，在工程技术应用中缺乏技术规范标准支撑，需要结合生态文明建设要求进一步明确。因此，认真贯彻落实党的十九大精神，着眼服务湖北乡村振兴，按照“数量、质量、生态”三位一体思路，统筹运用农用地整治、建设用地整治等系列土地政策，围绕打造现代农业产业和乡村旅游园区、修复和保护“山水林田湖草”、支持美丽乡村建设、助推精准扶贫等内容，有必要建设一批生态土地综合整治示范项目，积极推进湖北省生态土地的整治工作。

（三）湖北省推进新时代生态用地整治的原则与策略

1. 新时代生态用地整治的原则

生态用地整治过程中以改善项目区生态环境、促进人地关系和谐为主要目的，针对整治对象的不同在整治策略的选择上侧重有所不同。基于湖北省的土地利用现状，建议在生态用地整治过程中遵循以下原则。

（1）全要素原则

以全要素原则分析生态用地整治中的影响因素，土地整治工作中其整治的关键要素以“田、水、路、林、村”为主，在此基础上开展的生态用地整治，其关键要素为“地、水、道、林、网”，在对撂荒农用地、闲置宅基地和低效利用荒坡地治理的同时，以治理为主，防治结合，进行合理开发利用，同时注重区域内以及区域之间所有要素的生态联系，加强生态环境的整体性，促进生态系统的良性循环，维护生物多样，充分合理利用土地资源，缓解人地关系的矛盾，在开发中注重环境的保护，促进区域可持续发展。

（2）区域性原则

这是生态用地整治工作开展中必须遵循的空间维度原则。由于构成要素不同，则系统结构就有所差别，不同的系统结构具备不同的系统功能。生态用地整治的要素的差别性决定了其功能的区域性，而人类社会与自然环境之间相互

影响、相互作用、相互联系，受“人”与“地”两大要素区域性影响，人地关系也具有区域性。因此，从区域性原则出发，有差别地开展整治工作，构建不同区域之间生态环境的整体性，着重于协调人地关系，充分发挥生态系统的功能，同时注重建立良好区域之间区际的联系，促进共同发展，缩小差距。生态用地整治项目的实施区域性，通过该项目的实施，有效协调人地关系，提高人们的生活质量和自身素质。项目的实施最终落实于具体的区域上，生态用地整治工作的实施是显著的区域性人类行为，以此落实和推动该工作的开展，有力促进经济社会和环境的可持续发展。

（3）差异性原则

在开展生态用地整治过程中，由于区域之间的差异性、整治对象的差异性，乃至整治方式的差异性要求在生态用地整治工作开展过程中始终秉持因地制宜的原则，切忌“一刀切”。通过对撂荒农用地、闲置宅基地和低效利用荒坡地的整治，改善土地质量现状，提高土地生态效益，促进生态文明建设，同时由于生态用地整治对象的不同，整治方式侧重点有所差别，结合区域不同的生态环境特点，坚持因地制宜的原则，推动生态用地整治工作的合理有序开展。

（4）分步性原则

这要求生态用地整治工作的开展必须有计划、有步骤推进。对整治工作的开展进行合理规划，并通过公告和宣传的方式告知于民，实行全民参与，广纳谏言，整治工作开展要以规划为指导逐步推进，在整治项目实施后为防止生态环境的破坏以及在整治后加强对生态土地的监测与管理，对农村生态土地实行有差别的责任追究机制，在生态整治的全过程中始终秉持公平的原则，合理有序推动整治工作的不断深化。

（5）可持续性原则

这是生态用地整治工作开展过程中应该遵循的时间维度原则。可持续发展关乎人类的当下和未来的长远发展，要求在这个过程中始终都能支持全球人类进步与发展（世界环境委员会，1997）。可持续原则要求在土地整治过程中既能满足人类需求，同时保证资源的可持续利用，维护生态系统的完整，减少不利因素对生态环境的影响，以实现资源的永续利用和经济、社会和环境的可持续发展。

2. 新时代生态用地整治的策略

基于以上分析，建议在新时代的乡村振兴与生态文明建设过程中采取如下策略，推进生态用地整治工作。

（1）凝聚共识：基于“创新、协调、绿色、开放、共享”发展理念，从美丽乡村与生态文明建设视角，深刻认识新时代生态用地整治的必要性与紧迫性

发展理念是发展行动的先导。发展理念对不对，从根本上决定着发展的成效乃至成败。在党的十八届五中全会上，习近平总书记系统论述了创新、协调、绿色、开放、共享五大发展理念，强调实现创新发展、协调发展、绿色发展、开放发展、共享发展。牢固树立并切实贯彻这五大发展理念，是关系我国发展全局的一场深刻变革，攸关“十三五”乃至更长时期我国发展思路、发展方式和发展着力点。在湖北省城市化进程不断加快、农地边际化程度不断加深的背景下，边际土地的弃耕撂荒日益严重，闲置房屋与废弃宅基地等不断增多，部分村落出现衰败凋敝态势。面对这些新问题，我们要引导全省国土资源管理系统的广大员工进行认真思考、研究，如何从美丽乡村与生态文明建设视角，基于习近平总书记提出的“创新、协调、绿色、开放、共享”发展理念，深刻认识在湖北省开展生态用地整治的必要性与紧迫性，提升并统一新的生态土地综合整治理论。

（2）试点探索：代表性样地试点，确定整治要素内涵，形成整治技术及规范

从农用地的土地整理（整治）向生态土地的综合整治方向发展，是世界土地整治发展的共同规律。我国土地综合整治处在这一重要的转变起步时期。生态用地整治与土地综合整治既有内在联系，又有本质区别。选择什么地点进行生态用地整治、生态用地整治的关键内涵是什么、如何进行整治等，这些都是进行生态用地整治前要解决的新问题，需要试点探索。基于湖北省多样性的土地类型及其利用状况，建议在湖北省的鄂东南丘陵山区、鄂北岗地、江汉平原、武汉市、鄂西北与鄂西南山区等地分别设立边际型弃耕撂荒土地、废弃宅基地、生态低值地（低效荒坡地）与生态廊道地四种代表性生态整治项目区，通过8～10个项目区的试点整治，确定生态用地整治的内涵，形成生态用地整治的技术规范，为湖北省全面推进生态用地整治工作奠定基础。

（3）科学规划：确定整治目标，制定生态用地整治的长期发展规划

在试点的基础上，启动全省生态用地整治前的可行性研究，通过专家论证、咨询，结合湖北省土地利用总体目标，确定生态用地整治的具体目标，制定《湖北省生态用地整治中、长期发展规划》，并设立一批“十三五”时期实施的生态用地整治项目。在规划过程中，要在规划理念、规划方法等方面进行理论创新，坚持“空间一体化与要素整体性”的原则，在空间上融合土地综合

整治与生态用地整治，把握“六大整治要素”的整体性，体现发展规划的科学性。

（4）部门协同：整合分散的资源，部门协同推进

生态用地整治的六大要素涉及土地、农业、水利、林业、扶贫、交通、财政等多个管理部门的业务，在这些要素的管理过程中，各个部门都有一些对应的资源与项目。从目前的资源配置与使用效率来看，存在资金过于分散、项目重复设置、管理条块分割等问题，各个部门自成一体，有限的资金不能整合到一个区域上集中系统使用，资源利用效率与项目整治效果都受到影响。建议省政府在这些不同部门之间搭建一个部门协同的平台，形成部门协作的机制，或者将这些分散的管理业务与相关资源全部整合到国土资源整治局，以提高资源的使用效率与项目整治效果。

（5）机制创新：整治模式与管理制度创新

深化土地整治供给侧改革，研究生态用地整治过程中供给侧与需求侧的主体、构成及其利益诉求，明确生态用地整治绩效的直接与间接受益者，真正让整治项目区的村（组）与农户参与进来，探索“项目整治、项目受益、项目维护”一体化的整治模式，让项目整治需求方、建设方与后期维护管理者成为一体，探索建立生态用地整治“整、建、管”的长效机制。在生态用地整治与美丽乡村景观建设等资金筹措方面，政府可以出台相关优惠政策，探索“谁投资、谁受益”的资金筹措模式，鼓励并吸收社会资本（尤其整治项目区的资金）进入，拓展土地整治资金的新来源。在这一过程中，国土整治管理部门要出台一些相应的监督管理办法，为生态用地整治的顺利进行提供制度保障。

二、生态用地整治的创新探索：浙江模式

（一）浙江省率先探索土地综合整治的背景

1. 人地关系日趋紧张的省情要求节约集约使用国土资源

浙江省位于中国东南沿海、长江三角洲南侧，全省陆地面积10.18万km^2，是目前全国陆地面积较小的省份之一。在总趋势上，浙江省人地关系的特性主要表现为人口不断快速增加和耕地面积趋于明显减少的特征。就自然耕地资源条件来说，浙江省耕地资源紧缺，素有“七山一水两分田”之说。就基本自然资源的数量和丰度来说，浙江的确是一个“资源小省”，在人均资源量指数中，浙江人多地少的矛盾表现得尤为突出（杨杨 等，2007）。2016年人均

0.54 亩耕地，仅为全国人均水平的 36%。然而面对并不充足的耕地资源，浙江省却又有较多的人口，在此以重点城市杭州为例，杭州市域面积为 16853.57 km^2，2019 年年底常住人口 1036 万，城镇人口为 813.26 万，常住外来人口达 450.44 万，城镇化率高达 78.5%。由此可见，人多地少的矛盾尤为突出。

近年来，在浙江省经济快速发展过程中，城市化水平的不断提高导致耕地被大量占用，从而使得浙江省人地关系日益紧张。浙江省经济发展与耕地变动出现两种趋向：一方面是经济快速发展，人均 GDP 水平不断提高，如 2019 年浙江省人均 GDP 约为 10.66 万元；另一方面是土地占用较多，人均耕地面积不断降低。这两种趋势不是孤立的，而是有着内在的联系。据统计，浙江省工业和城市建设占用耕地主要是通过土地征用获得的。伴随着工业化过程而出现的耕地非农化，预计今后浙江省对土地资源特别是耕地资源的占用还将继续。因此，保护并集约利用现有存量土地资源，通过对城乡“三生用地”的整治与优化，不断提高土地资源的利用效率，在浙江省显得尤其紧迫。

2. 人们对美好生态环境与优质生态产品出现强劲需求

中国特色社会主义进入新阶段，我国社会主要矛盾已经变为人民日益增长的美好生活需求和不平衡不充分的发展之间的矛盾。在新的时代，人们不仅对物质文化生活提出了更高的要求，同时也要求有更好的生态环境和优良的生态产品。从 1981 年到 2019 年，浙江省人均 GDP 由 531 元/人上升到 10.66 万元/人，人们的生活水平不断提高，有了质的飞跃。人民群众期盼有更生态的宜居条件、更优美的环境和更充足的精神文化生活。党的十九大已将生态文明建设放在紧要的战略位置，指出提供更多优良生态产品成为现代化建设的重要职责，绿水青山就是金山银山成为生态文明建设的基本理念。在这种背景下，浙江省开拓创新，积极推进土地综合整治与生态修复工作，以期满足人们对美好生态环境与优质生态产品的强劲需求。

3. 浙江省土地整治历史悠久，经验丰富，国土整治创新能力较强

浙江省的土地整治工作起步较早，且卓有成效。早在 1984 年，由中国农科院区划所、中国农科院草原所为首整理发表的《浙江省土地利用现状概查》系统而全面地整理了浙江省的土地资源状况，为后期浙江省土地合理规划和整治工作带来宝贵的真实数据。1989 年 5 月 29 日，中国农业部邀请荷兰王国农业部赴北京和杭州分别展开农业土地和水利开发的研讨会，会议分享了有关中国土地利用、土地水利开发、防治盐碱的排水措施等土地整治的相关内容，汲

取了许多有用的经验，为后期浙江省开展土地整治工作提供了诸多理论上的借鉴和诸多相关方面的实践和创新。浙江不仅是“两山”理念发源地、新时期习近平总书记“三农”思想的重要萌发地，也是美丽中国乡村建设的重要发祥地。2003 年，习近平同志在浙江工作期间部署实施“千村示范、万村整治”工程，全省村容村貌和农村生态环境发生了深刻变革。2009 年，国土资源部与浙江省人民政府经过部省协作形式，进一步深入推动浙江省农村土地综合整治工作。2013 年，浙江省利用农村土地综合整治推动美丽乡村建设，逐渐形成高效节约的土地利用格局（包建铎 等，2018）。

浙江省是我国土地资源管理高级专门人才培养的重要基地。浙江大学是我国土地资源专业人才培养、土地资源问题研究的高地。在土壤科技创新、土地整治工程技术创新、土地生态科技创新等国土整治方面具有较强创新能力，给浙江省的国土整治工作带来了极大的支持。浙江准确把握科技创新新形势下的国土资源管理新时代，贯彻落实国家部署和要求，坚持以科技创新为基础，发挥科技在经济社会发展中的积极作用。聚焦聚力“互联网＋”科技创新应用，积极构建“标准化＋”体系建设，推进科研平台快速发展，加快创新型人才队伍建设，开展国际合作交流。深化科技创新管理机制改革，营造良好的科技创新氛围，加大科技创新资金支持力度。这一系列举措促使浙江省走在全国生态治理的前列。

4. 浙江是“两山”理念的起源地，土地整治中的生态保护意识较强

2000 年之前，中国土地整治主要以增加耕地为主要目的，而今土地整治已经上升为国家层面的首要战略部署，绿色化、生态化土地整治成为不断推动山水林田湖草生命共同体生态保护和建设的重要方向。2005 年，习近平同志在浙江省进行调研时，提出了“绿水青山就是金山银山”的结论。在党的十九大报告上，“两山”理念写入我国新时期基本方略和修订的《中国共产党章程》。“两山”理念是在深刻认识和解决中国现代化进程中日趋严峻的生态环境问题时提出来的，是解决中国现代化建设难以避免的经济发展与生态环境保护关系的中国智慧。

浙江省作为“两山”理念的起源地，开展生态保护与建设，积极践行“两山”理念，是切实推进生态文明建设的必然要求。在“两山”理念指导下，浙江省率先在全省开展中国美丽乡村建设，大胆尝试，追求创新，找到了一条相对独立且有特色的发展道路。多年来，在习近平总书记绿色发展理念的指引下，浙江从全新的出发点上更高层次推进生产方式绿色化，鼎力培养生态文

化，加快生态环境问题综合治理，使绿水青山持续产生生态、经济、社会三方效益。在当前农村土地整治的基础上，浙江省对“田水林路村”进行全要素综合整治，对高标准农田进行建设，对农村人居环境进行修复治理，逐步形成了土地利用新格局。在这一过程中，土地生态整治意识得到进一步加强，这为新时代全面开展乡村土地综合整治与生态文明建设等奠定了良好基础。水清、天蓝、地净这一目标离我们越来越近，美丽浙江、美好生活的梦想正在成为现实。

（二）浙江省全域土地综合整治的实践进展

1. 浙江省的全域土地综合整治正在生态文明建设与乡村振兴战略的实施进程中扎实推进

早期党的十七届五中全会在“十二五”规划中就提出加强国土综合整治和生态文明建设的要求，明确部署了国土综合整治相关工作。2012 年 11 月，党的十八大提出了“五位一体”的总体战略布局，该报告指出，生态文明建设是关系人类福祉、关乎民族未来的深远计划。面对资源总量日益紧张的形势，我们务必对其高度重视，将生态文明建设放在突出地位。2015 年国家出台的报告中明确要求加快推进国土综合整治工作。2016 年国务院提出“依据生态文明要求，实施山水林田湖综合整治，加强生态环境修复”。2017 年 6 月，浙江省第十四次党代会提出，着力推动生态文明建设，深入践行“绿水青山就是金山银山”理念，大力开展“811”美丽浙江建设行动。2017 年 7 月，浙江省委省政府印发《浙江省生态文明体制改革总体方案》，提出以绿色发展为主线，努力建设高水平的生态文明，持续推动美丽浙江建设。

2018 年 5 月 18 日召开的全国生态环境保护工作会议上，习近平总书记与大家分享了生态文明思想。浙江省为了推进乡村振兴战略的实施，贯彻落实习近平总书记的生态文明思想，加快“两个高水平”建设，深入挖掘浙江省资源要素的作用，对浙江省的自然资源开启了广泛深入的全面调研。从农村用地需求来看，农村建房的意愿还是很强，农村新产业、新业态用地需求旺盛，同时农村各类落后产业、产能零散化发展问题较为突出，土地产出相对低效。从农村土地管理制度和政策层面来看，对农村土地管理缺乏完善的政策体系（浙江省土地整理中心，2019）。在深入调研及综合分析的基础上，针对仍旧客观存在的问题，浙江省提出继承和发展“千村示范、万村整治”，充分发挥出土地作为生产、生活中生产资料和生产场地的作用，实现由土地整治向规划管控和空间治理转变，积极响应“绿水青山就是金山银山”的号召，扎实推进综合整治工作。

2018 年，浙江省政府向国土资源部提交了《浙江省实施全域土地综合整治助推乡村振兴战略行动计划工作方案》，此方案顺利得到了自然资源部的函复支持。2018 年 8 月，浙江省政府办公厅印发了《对于实施全域土地综合整治与生态修复工程的意见》，致力于农村的生产、生活、生态空间的优化，推动全省农村新社区建设、高标准农田建设等（严桥来 等，2019），完善农村土地利用规划编制、农用地综合整治、闲置低效建设用地整治、生态环境整治修复等任务。如今的浙江，正在提升生态环境质量上更进一步，朝着“美丽浙江”的目标不断前进。

2. 浙江省全域土地综合整治的创新实践成绩喜人

浙江省作为“两山”理念的发源地，在全国首先就生态用地整治方面做出了诸多实践，为我国的生态用地整治的创新做出了突破性、创新性的贡献，在全国范围内起到了良好的示范作用。从理论上概括，围绕“两山”的概念及其相互关系来分析，浙江省践行“两山”理念的主要模式有“治理”“转型”两个方面。习近平总书记指出，人类面临两种抉择，一种选择是让金山银山的发展与绿水青山相适应，这种模式在浙江的具体实践模式为治理模式；另一种选择是让绿水青山转变为生态效益，推动产生经济和社会效益，这种选择是以浙江的具体实践为转型模式（张健 等，2018）。

治理模式突出环境污染方面的治理。习近平总书记指出，在中华民族伟大复兴的当前阶段，浙江不能朝着先污染、后治理或边污染、边治理的方向上直行。浙江省在围绕当前环境污染治理的老大难问题上，提出并执行了“五水共治”“三改一拆”“四边三化”等一些重大决定，并采取了“治危拆违”“剿灭劣 V 类水”等相应措施，取得了一些不错的成效。经过五年的治水攻坚，取得了显著的成效，主要有水环境质量显著改善，向形态更高级、结构更合理、质量效益更好的方向转变，群众获得感明显增强，参与治水的积极性高涨（彭佳学，2018）。

转型模式突出产业升级方面的治理。在我国改革开放的开始 30 年，传统工业以大量消耗资源、粗放生产、高污染为主要特征的产业结构给我国经济和社会长远发展带来了很大的困扰。在浙江省，工业超千亿规模的制造业中传统高污染、高能耗企业占比依然很大，传统工业以其 1/3 左右的产值生产了超 2/3 的污染排放。同时，浙江仍然存在许多经济发展较为滞后的区域。因此，产业的转型升级是必由之路。围绕将绿水青山的优势转化为金山银山，浙江提出了建设美丽乡村、发展民宿、全域旅游等，并在以下几个方面取得了杰出的成绩。

（1）优化乡村空间格局，优化城乡用地结构

长期以来城镇、农村居民点缺乏总体规划，农民住房分散无序。通过农村土地整治，使农村居民点的数量、空间布局与内部结构相适应，使土地利用有序、合理、科学（闫红果，2015）。与此同时，实施的零星土地合并和空间置换，有效改善了耕地的连通性，提高了建设用地的利用率，确保产业融合和城乡统筹发展用地的需求。据统计，目前浙江省已启动150个工程项目区进行了1598块零星耕地的整并和1329块零星建筑工地的复垦；新增万亩方、千亩方、百亩方的集中连片耕地超过2000处，同时振兴农村闲置建设土地1.68万亩，安排1万亩土地供农民在农村地区建房，解决配套基础设施、公共设施、新产业和新业务用地1万亩（鲁建平，2009）。

（2）改善农村生态和人居环境，推进城乡统筹发展

通过村庄改造建设，农村基础设施明显改善，村容、村貌焕然一新。农民的生产、生活条件大幅度提高，城乡之间在人居环境、基础设施、公共服务等方面的差异明显缩小，加快了浙江省社会主义新农村建设和城乡一体化历程。统筹推进了高标准的农田建设和农村存量建设用地的复垦，新增耕地2.52万亩（纳入永久性基本农田整备区2.27万亩）和新建的9.09万亩高标准耕地（项目区的高标准耕地占永久基本农田的比例超过85%），同时，项目区各类生态修复和环境整治的项目面积达到8.32万亩，新建美丽清洁田园6.39万亩，森林和绿色矿山等生态空间进一步扩大，农村人居环境质量显著提高。

（3）产业兴旺、生活富裕通道的扩大

各地都实施了乡村全域土地综合整治和生态修复工程，全面制定了促进土地要素流转、有效配置农业园区等产业和综合开发平台的相关政策，促使农村的兴旺和农民的富裕。据统计，项目区新增地面积27万亩，引进农业企业和大农户250多家，开发新产业、新工业项目70多个，投资超过150亿元，农民每年可增加土地租金收入达1.55亿元（钟天明 等，2020）。

（4）切实增加耕地面积，提高粮食生产能力，提高农业生产效率，切实增加农民收入

通过土地开发、整理和修复，耕地面积得到增加，城市建设造成的耕地减少的压力有所减弱。通过土地开发和农业基础设施的支持，降低了生产成本，同时推进农村承包经营权流转，提高规模经营能力。土地承包价由每亩200元

提高到500元左右，增加了农民收入，促进了现代农业和农村经济的发展。

(5) 促进土地节约集约利用，扩大农村土地利用

按照“宜垦则垦、宜盘则盘”的原则，通过对大面积、分散居住的农村居民点用地进行整治，推进自然村与集中居住相结合，扩大农民住房建设空间，促进农村土地集约高效利用。

总之，在“两山”理念的指导下，浙江省通过治理和转型等模式，在土地综合整治等方面进行了大胆创新，取得了累累硕果。

3. 浙江省全域土地综合整治的主要经验

(1) 以“两山”理念为指导，树立生态整治的新理念

浙江省土地综合整治是充分落实习近平总书记生态文明思想的具体体现，符合中央需求，具有良好的实践基础，以“两山”理念为指导，积极推进土地综合整治，促进生态文明建设。

浙江省牢固树立“绿水青山就是金山银山”的理念，选择一些工作基础好、代表性强的地区开展示范建设，探索总结具有推广价值的有效做法，不断完善制度规定和工作措施，统筹实施土地综合整治、生态用地综合整治与修复、乡村振兴战略。优化农村生态、农业、建设空间整体结构，对田水路林村等进行各要素全面重构，逐步形成了山水林田湖草空间修复格局，联合促使土地综合整治与生态修复工作取得实效。

浙江省以习近平总书记生态治理理念为指导，以部分行政村为实施单元，重点在农村土地制度改革试点、美丽乡村、新型农村社区、高标准农田建设等区域开展全域土地综合整治工作，积极推动绿色浙江、生态浙江的实现。

(2) 省委省政府高度重视，建立多部门协同合作机制

浙江省委省政府高度重视全域土地综合整治工作，在习近平总书记的生态用地整治思想引导下，省委书记、省长多次做出批示和指示，并亲自到实地调研工作开展情况。建立由政府主要领导牵头，各有关部门负责人参加的协调机构，切实加强组织协作，及时研究解决遇到的困难和问题。这项工作也纳入各级党委、政府的主要工作，确保顺利推进。

(3) 科学规划，统筹实施，通过绩效考评夯实过程管理

编制方案统筹实施。以村级规划为底盘，编制全域土地综合整治工作方案。工作方案包含高标准农田建设、耕地质量提升、村庄整治、生态整治等内容。计划经浙江省政府批准后，逐一实施。

加强绩效考评。全域土地综合整治各项目完工后，按流程组织验收。由市

国土部门组织综合考察，进行绩效评估。每年组织对各市上年度整治工作情况进行综合评价，责令解决存在的问题，综合评价情况纳入耕地保护责任目标考核内容，并与下年度全域土地整治工程和奖励资金安排挂钩（包建铎 等，2018）。

（4）加强制度建设，出台激励政策

首先是实行永久基本农田保护制度。经过土地整治和耕地质量提升等工程性建设，逐步形成与永久基本农田连通连片、设施统一、质量相当相称的优良耕地，并对项目区进行优化调整。其次是加大土地规划政策的支持力度。再次是实行新增建设用地计划指标奖励制度。最后是优化城乡建设用地增减挂钩政策，涉及农民建房和配套基础设施建设的行政事业性收费等，按照相关规定落实减免政策，激发改革红利，进一步惠及人民群众。

（5）大力支持县（市、区）级政府因地制宜、特色创新

杭州市西湖区按照规模化与项目化原则推进生态修复。杭州市西湖区经过多年发展，目前双浦、三墩两个镇仍保留为农村形态，其所面临的土地利用问题是城乡接合部利用问题，即耕地的分散和非农业利用等问题突出，非农化比例在85%以上；村庄用地凌乱，违法建筑随处可见。考虑到上述问题，率先组织完成了双浦、三墩两镇农村整合规划，统筹推进拆迁整治、矿山治理、美丽乡村建设等十大行动，如图5-13所示。其重点一是开发和科学利用，通过建设用地整治，优化空间布局；二是严格控制保护，将整治土地与永久基本农田集中连片保护；三是强化整治修复，建立激励机制，加大废弃土地修复力度，优化生态格局（杭州市发展改革委体改处 等，2018）。

图5-13　杭州市西湖区双浦镇

杭州市余杭区依托自身优势，推动当地生态经济发展。良渚新城项目区位于杭州市余杭区，具有“近郊贴城”的区位优点以及农业资源和特色产业丰富多样。项目区包括东塘河等五村，其整治规划坚持生态红线不突破、质量提高、建设用地不增加的原则，统筹城乡环境治理，支撑田园风光融合的田园城市建设，打造适合商业、农业、旅游的综合性农业园区，改善区域公共环境，增加土地价值，促进长期发展（郧文聚 等，2011），如图 5-14 所示。

图 5-14　杭州市余杭区良渚文化村实景

浦江县抓“五水共治”，建“两美浙江”。浦江县隶属于浙江省金华市，其土地综合整治的亮点在于污水的治理。浦江县的水晶、挂锁和家纺作为当地的传统支柱型产业，主要特征是低小散乱。其中水晶产业在高峰时期高达 2.2 万余家，遍布浦江城乡，带来严重的环境污染和违建问题，出现了闻名全国的“牛奶河”事件。同时，环境污染导致群众上访和群体性事件不断发生，群众对于环境满意度调查连续六年全省倒数第一。为此，浦江自 2012 年开始“五水共治”和“治危拆违”行动，充分发动人民群众，引导不具备充足的知识和技能的公众参与到工程当中，减少了工程推进的社会阻力，营造了人人提高社会责任意识，人人主动参与治水的优良氛围，也在最大程度上达到了预期的成效（董祚继，2018）。目前浦江已经全面消灭劣Ⅴ类水，在环境得到极大改善的同时，浦江信访数量直线下降。浦江治水的实践和经验得到省委省政府的高度肯定和重视，同时也对省内其余有着相似困境的地区起到了积极的示范作用，如图 5-15 所示。

泰顺县根据独特的地形，深入开展整治工作。泰顺县位于浙江省南部，地貌特征以山地丘陵为主。该县积极参与全省开展的“千万亩标准农田建设”和

图 5-15　美丽浦江

“千村示范、万村整治”工程，取得了卓越的成效，如图 5-16 所示。全县通过土地开发整理复垦补充耕地共计 1548.95 hm^2，实现了耕地占补平衡，有效增长了粮食生产能力。另外，通过对村庄结构进行调整建设，农村基础设施明显改善，在实现美丽浙江、生态浙江的目标上迈出了一大步（林观海，2012）。

图 5-16　浙江省温州市泰顺县

嘉兴市全方位依照生态整治理念，推进修复工程建设。嘉兴市是一个具有江南水乡特色的旅游城市。2017 年，嘉兴市选择了嘉善县、嘉兴市秀洲区、平湖市等地率先开展了“全域土地综合整治”试点。在此以秀洲区为例，秀洲区从 2009 年开展土地综合整治工作，2018 年进入全域土地综合整治与生态恢复进程中，其发展方向是农业农村现代化和城乡一体化，秀洲区依照“生态优先、保护优先、绿色发展”原则，全面推进整治修复工程，如图 5-17 所示。计划用三年时间（2018—2020 年）完成高标准农田建设 10 万亩，新增耕地占补平衡指标 5000 亩，新增永久基本农田整备区 1 万亩（夏文才 等，2019）。

图 5-17 浙江省嘉兴市秀洲区生态公园

4. 浙江省土地综合整治中目前需要解决的问题

浙江省土地综合整治工作呈现良好的发展态势，在美丽乡村的建设中取得了实际成效。但离乡村振兴美丽蓝图中所描绘的画面还有很多需要改进的地方，在实际工作中还存在一些问题需要解决。

（1）加快土地整理与规划水平滞后之间的矛盾

为了全面推进农村土地整合一体化，需要一个科学合理的规划指南。由于近年来行政村土地利用结构不规范，难以细化、量化和规范化定位。村级建设规划编制较晚，层次不高，难以适应当前新农村建设的发展需要。再者，土地利用总体规划与建设规划衔接不到位，两者布局发生偏离，导致规划执行力不强，影响了农村整理工作的推进。

（2）项目整体实施与资源分散配置的矛盾

农村综合整治是一项综合性、系统性的建设工程，为公路、水、电、卫生、文化等建设提供支撑，这些建设由不同的服务部门负责，采取了不同的政策来支持农业，在这种背景下，出现了“部门项目多、地方重建多”的问题，整体推进效果不佳。此外，人力、物力、财力分散，不利于农村整治工程的全面快速推进。

（3）全面推进土地整理与区域分异的矛盾

浙江省各地自然条件、经济发展水平存在差异，土地资源类型多样，村庄建设和农村住居也具有明显的地域差异。在全面推进土地整治过程中，因各地经济、各地政府领导认识水平、各地组织能力不平衡，造成了区域间差别很大，难以在全省规划确定按统一目标、统一标准、统一要求组织实施项目整治。

（4）促进农村人口相对集中与建设用地不足的矛盾

浙江省农村土地整治的核心是培育中心村、中心镇，以促进农村人口的相对集中，促进土地节约集约利用。但中心村、镇的培育却存在建设用地落地难的问题。一方面，受规划用地增量控制，建设用地空间规模不足。导致农村土地整治难以充分发挥其综合效能和作用。另一方面，全省空心村现象严重，土地资源浪费严重，如果不在现有政策的基础上进行优化创新，就很难推动整治工作进行。

（5）政策宣传不力影响项目的实施

地方政府在开展工作之前缺乏良好的宣传和解释，急于开展项目，并且不同地区的经济实力差异很大，农作物补偿和房屋拆迁补偿标准也有很大差异，导致一些群众不理解政府所做的工作，并认为土地整治就是土地征收，从而会抬高补偿的费用，拒绝或拖延拆旧复垦，更甚者上访，甚至直接影响到土地整治项目的顺利实施（张艳彬，2016）。

（6）全村土地整理与需求多样化之间的矛盾

在农村土地整理的过程中，群众普遍持支持态度，但也有一些人有不同的利益诉求，这对农村土地整理工作产生了一定的影响。浙江省不同层次、不同地区的经济发展、经济实力也有很大不同。农民拆迁补偿和安置标准存在较大差异。另外，针对不同的地区制定了不同的征地拆迁标准。因此，部分村民对部分项目的补偿条款不满意，调解难度大，直接影响到国土整治工程的准时实施。

（三）浙江省推进新时代生态用地整治的新策略

浙江省从2010年到2018年开展的农村土地综合整治工作已经取得了初步成效，但在许多方面还有待进一步改善，所以要在生态用地整治过程中融入乡村振兴战略、生态文明理念等重要思想。为顺利开展下一步工作，需要改进工作方法，探索创新工作机制。

1. 遵循系统生态用地整治思想引领全域土地综合整治

全域土地综合整治坚持把系统生态用地整治思想放在首要地位，而全域规划是系统思想的集中体现，要利用乡村振兴战略规划编制契机，加强国土规划与发展规划的协调联动，强化多规整合，统筹生产、生活、生态空间，引领全域土地综合整治科学、规范推进，确保土地集约、高效、合理利用。全域土地综合整治要全面加强体制机制创新。要主动听取农民群众意见，争取大多数群众的支持。要深入推进农村土地管理制度创新，改革农村宅基地制度，形成生态用地综合整治的农村土地治理体系，保障整治工作有力推进。

2. 遵循总体规划，夯实农村再生产基础

浙江农村土地综合整治试点坚持把科学规划放在首位，努力用科学规划指导整治实践，提高资源环境承载力，巩固好自然基础。一是以整乡整村为目标，按照“全域规划设计重组”的思路，统筹山水林田湖路村系统治理。二是在土地利用总体规划基础上，加强多规融合，优化村庄布局。三是结合村土地利用规划编制，探索农村土地管理工作。

抗日战争时期余姚市梁弄镇是浙东四明山抗日根据地的总部。梁弄镇坚持以总体规划为龙头，统筹兼顾，深入评估现有执行效果，以土地利用总体规划为依托，整合多种发展目标和要求，优化耕地改造和生态治理等整治工程。初步实现生态优、乡村美、社区强的目标。

3. 坚持全要素整治，激发乡村振兴活力

浙江农村土地整治不仅是监管领域的拓展过程，也是土地整理意识不断深化的过程。其根本标志就是整治对象从农田单要素整理走向“山水林田湖草”全要素整治，整治目标从增加实际耕地面积、提高耕地综合生产能力走向构建“山水林田湖草”生命共同体。一批全域土地综合整治的典型案例相继出现，极大地夯实了乡村振兴的生态基础。

武义县位于浙江省中部，是一个山区县，也是浙江扶贫开发的发源地。近年来，武义以全要素整治为契机，将生态用地整治与下山脱贫、美丽乡村建设等有机结合，积极搭建生态整治平台，统筹开展各项工程。农业用地集中连片、建设用地集约高效的土地利用模式初步形成。

4. 以创新“土地整治＋”技术推动生态用地整治

浙江全域土地综合整治的产生，不仅带来了土地整治内涵和外延的变化，也推动了土地管理的创新，如“土地整治＋现代农业”“土地整治＋农村旅游”“土地整治＋生态建设”等。“土地整治＋”模式的出现，有效延长了土地整治的价值链和生态链，显著丰富了生态用地整治作用，有力推动乡村振兴战略。

余姚市梁弄镇因地制宜制定土地整治计划，推出多种“土地整治＋”模式。通过“土地整治＋特色现代农业”，建成半山樱桃基地、百果园等一批特色农业；通过“土地整治＋生态环境整治”，建成四明湖滨水生态湿地公园等一批旅游景区。2017 年，该镇农民人均收入超过宁波市平均水平，镇级财政收入突破 3 亿元。文旅、会务、培训成为主导产业。

5. 找准全域生态用地综合整治的时代方位

生态用地综合整治的最终目的是改善农村生产、生活条件和生态环境，而农村是农民的主要生活区，这也是党的十九大提出实施的乡村振兴战略的重要实践基础，是以习近平总书记为核心的党中央做出的重大路线调整。在开展农村生态用地综合整治的过程中，要重视农民的主体地位，尊重农民的自身意愿，保障农民的合法权益。我们只有顺应农村发展规律，才能把农民的积极性、主动性、创造性调动出来。拆旧建新项目也要充分尊重农民的意见，要根据当地农民的生活习惯，规划新的安置方向，实施不同的安置方式，让农民有更多的选择。开展全域生态用地综合整治也是推进生态文明建设的根本要求。党的十九大把坚持人与自然和谐共处作为发展中国特色社会主义的基本方略，强调中华民族的“千年发展”和“可持续发展”是中华民族的两个重要方向，并且必须高度践行“两山”理念，统筹推进，系统治理。

浙江省的试点实践表明，实施农村生态用地治理全过程，不仅从理念到行动为综合治理提供了技术支撑，同时也探索了一条通过绿色发展促进农村振兴的有效途径，使得其他省份开展生态用地治理行动有一定借鉴意义，并且在此基础上需具体问题具体分析，不断完善各地土地整治的内容和方法，这也是全面贯彻落实习近平总书记生态治理思想的具体体现，符合当今生态文明建设新时代要求，对我国可持续发展有显著效果。

第六章　结语与展望

一、结语

从农地综合整治向生态用地综合整治转变，是土地合理利用、农业可持续发展与乡村生态环境改善的必经阶段。对生态用地整治的关键科学问题及其整治技术进行研究，不仅在理论上深化、丰富了土地综合整治的基础理论，而且在实践中为我国新时代生态用地整治的关键问题提供了技术方案，有助于提升乡村生态用地的生态服务价值，对乡村振兴战略中的产业发展、生态宜居与美丽乡村等具有直接支持作用。

生态用地整治是一种基于全域性视角、按照国土空间规划确定的目标和用途，针对边际农地、废弃宅基地、生态低值地与生态廊道地等不同类型的生态用地，进行“山、水、地、林、草、道”等要素的综合整治，是一种强化“山水林田湖草”生命共同体之间的生态联系，改善乡村生产、生活条件，提升土地生态服务功能与生态产品生产能力的系统工程。

生态用地整治以国家持续发展为战略目标，在整治过程中分别实现经济、生态与社会三个层面的目标，当前我国生态用地整治需要承担做好边际土地的转化工作，维持边际土地的粮食生产能力，强化农地之间的生态联系，提升区域土地资源的可持续利用能力，整治废弃宅基地，保护特色村落景观，美化乡村人居生态环境，整治生态低值地，提升区域土地的生态服务功能等整治任务。

“山、水、地、林、草、道”是生态用地整治的核心要素，但不同的生态用地类型其整治的方向不同。从生态用地整治的过程来看，生态用地整治涉及的关键技术主要体现在优先（重点）整治区的遴选技术、项目的规划设计技术、生态用地整治的实施技术与生态用地整治项目的效果评价等方面。

我国具有大力推进生态用地整治的工作基础，在“两山”理念指导下，宜进一步加大生态用地整治方面的理论创新，并在全国范围内整体规划、有序推进新时代的生态用地整治工作。各地在推进生态用地整治工作时，宜采取①凝聚共识：基于“创新、协调、绿色、开放、共享”发展理念，从美丽乡村与生态文明建设视角，深刻认识生态用地整治的必要性与紧迫性；②试点探索：代表性样地试点，确定整治要素内涵，形成整治技术及规范；③科学规划：确定整治目标，制定生态用地整治中长期发展规划；④部门协同：整合分散的资源，部门协同推进；⑤机制创新：整治模式与管理制度创新等策略。

二、展望

从国内外土地综合整治的发展进程来看，生态用地整治是国土综合整治的核心内容之一，树立大国土综合整治的思想是世界大势。虽然本书对生态用地整治的关键科学问题进行了讨论，初步构建了生态用地整治的理论框架，并对生态用地整治的关键技术进行了较为系统的研究，但生态用地整治毕竟是一个具有前瞻性的新课题，无论在理论上还是技术上均有很大的探索空间。研究中得到的一些认识，提出的一些观点与看法，难免有不妥之处，需要在专家的讨论与指导过程中不断修改完善。

我们深信，在“两山”理念的指导下，在国家自然资源部、生态环境部与农业农村部等部门的统一领导下，再加上广大科技工作者的积极探索与地方政府的创新实践，我国新时代的生态用地整治必将进入系统推进的新阶段，一定会在乡村振兴战略实践过程中，谱写国土整治的新篇章。

参考文献

艾东，朱道林，赫晓霞，2007. 土地整理与生态环境建设关系初探［J］. 生态环境，16（1）：257-263.

安国强，2018. 中德农村土地整理中生态保护问题对比研究——以山东省与巴伐利亚州土地整治项目为例［J］. 山东师范大学学报（自然科学版），33（02）：182-189.

包建铎，李中伟，姚明峰，等，2018. 全领域整治自然资源 大格局助力乡村振兴——浙江省开展全域土地综合整治的经验和启示［J］. 资源导刊（8）：16-17.

蔡珠莎，2018. 地方政府土壤污染修复责任研究［D］. 杭州：浙江农林大学.

曹顺爱，余万军，吴次芳，等，2006. 农地整理对土地景观格局影响的定量分析［J］. 中国土地科学，20（5）：32-37.

陈百明，谷晓坤，张正峰，等，2011. 土地生态化整治与景观设计［J］. 中国土地科学，25（6）：10-14.

陈国南，1990. 荷兰土地资源的利用与整治［J］. 自然资源（1）：72-76.

陈海涛，陈焱芳，2011. 基于城市生态廊道景观规划的研究——以湛江大道快速路景观设计方案为例［J］. 大科技·科技天地（6）：327-328.

陈婧，史培军，2005. 土地利用功能分类探讨［J］. 北京师范大学学报（自然科学版），41（5）：536-540.

陈静，刘丽，苑晓光，2015. 国外土地督察的趋势及对我国的启示［J］. 国土资源情报（4）：19-25.

陈立川，徐洪，陈正华，2015. 典型滑坡灾害损毁农田类型及动力模式研究［J］. 国土与自然资源研究（1）：30-34.

陈睿山，蔡运龙，严祥，等，2011. 土地系统功能及其可持续性评价［J］. 中国土地科学，25（1）：8-15.

陈文明，王敬，2018. 德国土地整治对湖南的借鉴［J］. 中国国土资源经济，31（5）：59-62.

陈艺夫，2015. 国土资源部调研赤壁生态土地整治试点项目建设［N］. 赤壁市人民政府门户网，2015-12-21.
程碧海，2009. 湖北省协调土地利用与生态环境建设研究［D］. 沈阳：东北大学.
邓红兵，陈春娣，刘昕，2009. 区域生态用地的概念及分类［J］. 生态学报，29（3）：1519-1524.
邓祥征，姜群鸥，战金艳，2009. 土地系统研究理论方法与技术集成［J］. 安徽农业科学，37（33）：16470-16473，16544.
邓祥征，2008. 土地系统动态模拟［M］. 北京：中国大地出版社.
邓小文，孙贻超，韩士杰，2005. 城市生态用地分类及其规划的一般原则［J］. 应用生态学报，16（10）：2003-2006.
董雅文，周雯，周岚，等，1999. 城市化地区生态防护研究——以江苏省、南京市为例［J］. 城市研究，14（2）：6-10.
董祚继，2018. 探索一条符合中国实际的乡村振兴之路——浙江省农村全域土地综合整治的实践与前瞻［J］. 浙江国土资源（10）：7-12.
杜艳春，王倩，程翠云，等，2018.“绿水青山就是金山银山”理论发展脉络与支撑体系浅析［J］. 环境保护科学，44（4）：1-5.
恩格斯，2018. 自然辩证法［M］. 中共中央马克思恩格斯列宁斯大林著作编译局，译. 北京：人民出版社.
樊闽，2006. 中国土地整理事业发展的回顾与展望［J］. 农业工程学报（10）：246-251.
范金梅，王磊，薛永森，2005. 土地整理效益评价探析［J］. 农业工程学报（2）：116-117.
范丽娟，2019. 农村土地整治潜力及模式研究［D］. 银川：宁夏大学.
方创琳，2013. 把准国家新型城镇化战略航向［N］. 中国经济导报，2013-12-24（B01）.
傅伯杰，2015.“高标准”建设要有“优生态”举措［N］. 中国国土资源报，2015-12-25.
高佳莉，2019. 乡村振兴背景下基于全域土地综合整治的村庄建设发展规划［D］. 杭州：浙江大学.
巩杰，陈利顶，傅伯杰，等，2004. 黄土丘陵区小流域土地利用和植被恢复对土壤质量的影响［J］. 应用生态学报，15（12）：2292-2296.
郭庆，2019. 浅谈土地综合整治的理论创新及实践方法［J］. 甘肃农业（10）：108-110.
国家发展和改革委员会，2017. 全国土地整治规划（2016—2020 年）. 国土资发〔2017〕2 号.
国土资源部，国家发展和改革委员会，2017. 全国土地整治规划（2016—2020 年）［R］. 北京：国土资源部.
国土资源部土地整治中心，浙江大学，2018. 土地整治术语：TD/T 1054—2018［S］. 北京：中华人民共和国国土资源部.
国土资源部土地整理中心，2005. 土地开发整理项目实施管理［M］. 北京：中国人事出版社.
国务院，2012. 全国土地整治规划（2011—2015 年）［EB/OL］.（2012-07-04）［2013-04-12］. http：//www.tdzyw.com/2012/0704/17747.html.
韩学敏，濮励杰，朱明，等，2010. 环太湖地区有效生态用地面积的测算分析［J］. 中国农学通报，26（22）：301-305.

郝建新，邓娇娇，2011. 土地整理项目管理［M］. 天津：天津大学出版社：3-5.

胡银根，吴欣，廖成泉，等，2018. 两湖平原区农村宅基地退出潜力测算方法研究［J］. 地域研究与开发，37（2）：116-120，132.

环境保护部办公厅，2017. 关于命名浙江省安吉县等13个地区为第一批“绿水青山就是金山银山”实践创新基地的通知［EB/OL］.（2017-09-18）［2018-02-25］.

黄利民，张安录，刘成武，2008. 农地边际化进程理论和实证研究［J］. 生态经济（8）：28-32.

黄雪飞，吴次芳，2018. 城乡融合视野下全域土地整治的动力机制与规划框架构建研究［J］. 国土资源情报（6）：46-51.

霍原，2004. 我国土地整理制度的立法思考［D］. 哈尔滨：东北林业大学.

贾文涛，2018. 从土地整治向国土综合整治的转型发展［J］. 中国土地（5）：16-18.

焦思颖，2019. 推进生态保护修复，服务生态文明建设——访自然资源部国土空间生态修复司司长周远波［J］. 国土资源（1）：18-19.

孔雪松，王静，金志丰，等，2019. 面向乡村振兴的农村土地整治转型与创新思考［J］. 中国土地科学，33（5）：95-102.

雷利·巴洛维，1989. 土地资源经济学——不动产经济学［M］. 谷树忠，等，译．北京：北京农业大学出版社.

冷泽华，韩枫，2018. 土地整治中生态理念探析［J］. 安徽农业科学，46（8）：73-75.

黎祖交，2016.“两山理论”蕴涵的绿色新观念［J］. 绿色中国（5）：64-67.

李炼军，2006. 土地整理的法律研究［D］. 重庆：西南政法大学.

李朋瑶，李学东，宇振荣，2020. 土地综合整治生态景观营造对策［J］. 地球科学与环境学报，42（3）：366-375.

李升发，李秀彬，辛良杰，等，2017. 中国山区耕地撂荒程度及空间分布——基于全国山区抽样调查结果［J］. 资源科学，39（10）：1801-1811.

李升发，李秀彬，2016. 耕地撂荒研究进展与展望［J］. 地理学报，71（3）：370-389.

李王鸣，刘吉平，王纪武，2010. 城镇生态廊道规划研究——以浙江湖州市埭溪镇为例［J］. 城市发展研究，17（3）：75-79.

李湘刚，2019. 论习近平生态文明思想［J］. 城市学刊，40（4）：10-15.

李鑫．多地耕地撂荒严重 农户：一亩地一季300块 打工3天就有了［OL］. 央广网.

李秀彬，赵宇鸾，2011. 森林转型、农地边际化与生态恢复［J］. 中国人口·资源与环境（10）：91-95.

李子田，郝瑞彬，2007. 土地整理与生态环境保护［J］. 农机化研究（6）：5-8.

梁留科，曹新向，孙淑英，2003. 土地生态分类系统研究［J］. 水土保持学报，17（5）：142-146.

廖小斌，2019. 生态文明示范区建设背景下的赣州市土地整治潜力研究［D］. 南昌：江西农业大学.
林爱文，黄仁涛，佐藤洋平，2002. 对我国新的土地分类体系问题的探讨［J］. 国土资源科技管理（3）：7-10.
林观海，2012. 泰顺县农村土地综合整治工作实践与思考［J］. 浙江国土资源（12）：22-24.
林凯旋，周敏，2019. 国家公园为主体的自然保护地体系构建的现实困境与重构路径［J］. 规划师，35（17）：5-10.
林英彦，1999. 土地经济学通论［M］. 台北：文笙书局：493.
刘滨谊，吴敏，2014. 基于空间效能的城市绿地生态网络空间系统及其评价指标［J］. 中国园林（8）：46-50.
刘成武，黄利民，2014. 农户土地利用投入变化及其土地利用意愿分析［J］. 农业工程学报，30（20）：297-305.
刘成武，李秀彬，2006. 对中国农地边际化现象的诊断——以三大粮食作物生产的平均状况为例［J］. 地理研究（5）：895-904.
刘成武，李秀彬，2005. 农地边际化的表现特征及其诊断标准［J］. 地理科学进展，24（2）：106-113.
刘成武，2009. 中国农地边际化问题研究［M］. 北京：科学出版社.
刘珺，2015. 农村土地撂荒问题与对策研究——以湖北省为例［J］. 法制与社会（27）：212-213.
刘润秋，宋艳艳，2006. 农地抛荒的深层次原因探析［J］. 农村经济（1）：31-34.
刘世军，2020. 乡村振兴战略下的土地综合整治路径［J］. 中国土地（2）：53-54.
刘小玲，张伟，2014. 县级土地整治规划中土地整治潜力测算方法研究——以神木县农用地整治潜力测算为例［J］. 干旱区资源与环境，28（6）：33-38.
刘新卫，杨晓艳，2012. 农村土地整治与农业现代化浅析［J］. 国土资源情报（11）：29-34.
刘新卫，赵崔莉，2017. 农村土地整治的工程化及其成因［J］. 中国农村经济（7）：15-28.
刘新卫，2016. 土地整治如何助力扶贫攻坚［J］. 中国土地（4）：35-37.
刘彦，张晓敏，2021. 荷兰怎样发展高效生态农业［N］. 学习时报，2021-11-19（002）.
刘彦随，严镔，王艳飞，2016. 新时期中国城乡发展的主要问题与转型对策［J］. 经济地理，36（7）：1-8.
刘彦随，朱琳，李玉恒，2012. 转型期农村土地整治的基础理论与模式探析［J］. 地理科学进展，31（6）：777-782.
刘玥玮，秦华，2010. 城市生态廊道建设探讨［J］. 南方农业，4（2）：87-89.
刘治彦，2017. 习近平总书记的绿色治理观［J］. 人民论坛（25）：68-69.
龙花楼，张英男，屠爽爽，2018. 论土地整治与乡村振兴［J］. 地理学报，73（10）：1837-1849.
龙花楼，刘永强，李婷婷，等，2015. 生态用地分类初步研究［J］. 生态环境学报，24（1）：1-7.
龙花楼，2013. 论土地整治与乡村空间重构［J］. 地理学报，68（8）：1019-1028.

卢国琪，2017. “两山”理论的本质：什么是绿色发展，怎样实现绿色发展［J］. 观察与思考（10）：80-87.

鲁建平，2009. 当前我省农村土地整治现状、问题及对策［J］. 浙江国土资源（9）：18-21.

罗明，高世昌，任君杰，2016. 土地整治转型升级中的绿色发展理念——基于芬兰、德国低碳土地整治的调查研究［J］. 中国土地（8）：37-40.

罗明，龙花楼，2003. “土地整理理论”初探［J］. 地理与地理信息科学（6）：60-64.

宓泽锋，曾刚，尚勇敏，等，2016. 长江经济带市域生态文明建设现状及发展潜力初探［J］. 长江流域资源与环境，25（9）：1438-1447.

杭州市发展改革委体改处，中共西湖区委，西湖区政府，2018. 农村土地全域综合整治的西湖模式［J］. 浙江经济（24）：48-49.

彭佳学，2018. 浙江“五水共治”的探索与实践［J］. 行政管理改革（10）：9-14.

齐晓娟，2014. 国内外土地整治经验及对内蒙古土地整治工作的借鉴意义［J］. 西部资源（2）：148-150，153.

祁全明，2015. 我国农村闲置宅基地的现状、原因及其治理措施［J］. 农村经济（8）：21-27

乔庆伟，许庆福，王增如，2012. 国外土地整治管理的经验与借鉴［J］. 山东国土资源（10）：68-71.

乔思伟，2018. 护好山水林田湖草生命共同体［J］. 国土资源（9）：22-23.

邱耕田，韩冰慧，2016. 绿色发展：绿水青山就是金山银山［J］. 先锋（3）：33-35.

荣冰凌，李栋，谢映霞，2011. 中小尺度生态用地规划方法［J］. 生态学报，31（18）：5351-5357.

茹小斌，祖健，张力文，等，2019. 国土空间规划对生态文明建设的推动作用——德国经验启示及海淀区的探索［J］. 国土资源情报（5）：8-14.

邵景安，张仕超，李秀彬，2014. 山区耕地边际化特征及其动因与政策含义［J］. 地理学报，69（2）：227-242.

石玉林，2003. 西北地区土地荒漠化与水土资源利用［R］. //中国工程院“西北水资源项目组”. 西北地区水资源配置、生态环境建设和可持续发展战略研究 . 北京：中国工程院.

世界环境与发展委员会，1997. 我们共同的未来［M］. 王之佳，柯金良，等，译 . 长春：吉林人民出版社.

宋伟，陈百明，张英，2013. 中国村庄宅基地空心化评价及其影响因素［J］. 地理研究，32（1）：20-28.

苏伟忠，杨桂山，甄峰，2007. 长江三角洲生态用地破碎度及其城市化关联［J］. 地理学报，62（12）：1309-1317.

孙颔，石玉林，2003. 中国农业土地利用［M］. 南京：江苏科学技术出版社：52-53.

孙宏岭，孙红霞，2009. 威胁中国粮食安全最危险的因素：弃耕抛荒［J］. 粮食科技与经济，34（1）：19-20.

谭荣，王荣宇，2018. 借鉴德国乡村整治经验　助推全域土地综合整治［J］. 浙江国土资源

（10）：19-22.

唐秀美，潘瑜春，郝星耀，等，2015. 中国耕地整治生态潜力测算方法［J］. 农业工程学报，31（17）：270-277，315.

涂成焱，穆越，叶德嘉，等，1995. 湖北省荒山荒地资源分布及开发整治［J］. 自然资源（6）：62-67.

汪文雄，朱欣，余利红，等，2015. 不同模式下农地整治前后土地利用效率的比较研究［J］. 自然资源学报，30（7）：1104-1117.

王超，2009. 基于 RS 和 GIS 的耕地生产潜力模型及其应用研究［D］. 武汉：湖北大学.

王传胜，朱珊珊，孙贵艳，等，2012. 西部山区坡地村落空间演进与农户生计改变［J］. 自然资源学报（7）：1089-1100.

王飞虎，马增辉，2011. 陕西农村废弃宅基地整治潜力分析及对策研究［J］. 新西部（下旬．理论版），（8）：12，42.

王桂华，2017. 中俄农村土地流转比较研究［J］. 世界农业（10）：87-93，121.

王会，陈建成，江磊，等，2018. “绿水青山就是金山银山”的经济含义与实践模式探析［J］. 林业经济（1）：3-8.

王介勇，刘彦随，陈玉福，2012. 黄淮海平原农区农户空心村整治意愿及影响因素实证研究［J］. 地理科学，32（12）：1452-1458.

王军，李正，白中科，等，2011. 土地整理对生态环境影响的研究进展与展望［J］. 农业工程学报（S1）：340-345.

王军，钟莉娜，应凌霄，2018. 土地整治对生态系统服务影响研究综述［J］. 生态与农村环境学报，34（9）：803-812.

王军，钟莉娜，2017. 土地整治工作中生态建设问题及发展建议［J］. 农业工程学报，33（5）：308-314.

王利文，2009. 中国北方农牧交错带生态用地变化对农业经济的影响分析［J］. 中国农村经济（4）：80-85.

王伟娜，2018. 我国农村土地整治模式优化研究［D］. 北京：中共中央党校.

王夏晖，何军，饶胜，等，2018. 山水林田湖草生态保护修复思路与实践［J］. 环境保护，46（Z1）：17-20.

王勇，2019. “两山”理论内涵的经济学思考［J］. 环境与可持续发展，44（6）：52-55.

王振健，李如雪，2006. 城市生态用地分类、功能及其保护利用研究［J］. 水土保持研究，13（6）：306-308.

王子墨，2015. 山水林田湖是一个生命共同体［N］. 光明日报，2015-05-12.

魏建华，周亮，2013. 习近平发表重要演讲 吁共建“丝绸之路经济带”［R/OL］.（2013-09-07）［2018-02-20］.

吴刚，高林，1998. 三峡库区边际土地的合理开发及其可持续发展［J］. 环境科学，19（1）：89-93.

吴海洋，2014. 土地整治理论方法与实践［M］. 北京：地质出版社.
吴鹏，2017. 绿色土地整治构筑生态屏障［N］. 中国国土资源报，2017-08-29.
吴舜泽，2020. 深刻理解“绿水青山就是金山银山”发展理念的科学内涵［J］. 党建（5）：18-20.
夏方舟，2018. 全域土地综合整治：发展背景、系统内涵与趋势展望［J］. 浙江国土资源（10）：23-25.
夏文才，张赛赛，2019. 秀洲区全域土地综合整治“三张图”激活乡村振兴新动能［J］. 浙江国土资源（8）：30-32.
向保林，陈晓燕，李亮，2011. 农村废弃宅基地复垦研究——以重庆九龙坡区白市驿镇宅基地复垦为例［J］. 安徽农业科学，39（14）：8449-8451.
谢花林，李秀彬，2011. 基于 GIS 的区域关键性生态用地空间结构识别方法探讨［J］. 资源科学，33（1）：112-119.
谢剑，李发生，2012. 中国污染场地修复与再开发［J］. 环境保护（Z1）：15-24.
徐翠兰，朱成立，2010. 土地开发整理中的生态环境问题及其对策探讨［J］. 安徽农业科学（7）：3837-3839，3842.
徐健，周寅康，金晓斌，等，2007. 基于生态保护对土地利用分类系统未利用地的探讨［J］. 资源科学，29（2）：137-141.
闫红果，2015. 农村土地综合整治的意义、困境及其对策——以浙江省长兴县和平镇为例［J］. 青海农林科技（4）：93-95.
严桥来，沈志勤，何佑勇，2019. 浙江：推进乡村全域土地综合整治与生态修复［J］. 中国土地（12）：57-58.
杨洪霞. 郧西：从“撂荒田”到“万元田”. 秦楚网讯.
杨建云，2014. 政府主导型农村土地综合整治项目经济效率分析——以郸城县项目为案例［J］. 干旱区资源与环境，28（4）：48-53.
杨庆媛，2003. 西南丘陵山地区土地整理与区域生态安全研究［J］. 地理研究，22（6）：698-708.
杨旋，2017. 重磅：2017 年新版《土地利用现状分类》国标发布实施［N］. 中国国土资源报，2017-11.
杨杨，吴次芳，韦仕川，2007. 浙江省人地关系变化阶段特征及调整策略［J］. 中国人口·资源与环境（1）：61-65.
杨相和，2002. 国外土地整理的启示与借鉴［J］. 国土经济（7）：43-44.
叶兴庆，程郁，于晓华，2019. 德国如何振兴乡村［J］. 农业工程技术，39（21）：49-52.
尤晓东，2019. 基于生态文明视角下我国国土综合整治的思路与建议［J］. 南方农业，13（24）：91-93，105.
岳健，张雪梅，2003. 关于我国土地利用分类问题的讨论［J］. 干旱区地理，26（1）：78-88.
余凤生，孙姝，2018. 建设城市生态廊道 打造滨水生态绿城［J］. 园林（6）：40-43.

俞孔坚，乔青，李迪华，等，2009. 基于景观安全格局分析的生态用地研究——以北京市东三乡为例［J］. 应用生态学报，20（8）：1932-1939.

喻锋，李晓波，张丽君，等，2015. 中国生态用地研究：内涵、分类与时空格局［J］. 生态学报，35（14）：4931-4943.

喻光明，魏雅丽，陶文星，等，2006. 土地整理对区域景观格局的影响——以湖北省安陆市辛榨乡基本农田整理项目为例［J］. 华中师范大学学报（自然科学版），40（3）：457-461.

员学锋，王康，吴哲，2015. 国内外土地整治研究现状及展望［J］. 改革与战略，31（10）：191-195.

袁中友，杜继丰，王枫，2012. 日本土地整治经验及其对中国的启示［J］. 国土资源情报（3）：15-19.

郧宛琪，朱道林，汤怀志，2016. 中国土地整治战略重塑与创新［J］. 农业工程学报，32（4）：1-8.

郧文聚，2016. 厚植绿色理念 探路生态整治［N］. 中国国土资源报，2016-04-28（5）.

郧文聚，2011. 鸟瞰日本土地整治［J］. 中国土地（3）：55-57.

郧文聚，王世元，2011. 关于统筹城乡发展中土地问题的几点思考［N］. 学习时报，2011-11-14（8）.

张超，吕雅慧，郧文聚，等，2019. 土地整治遥感监测研究进展分析［J］. 农业机械学报，50（1）：1-22.

张川，余建新，郑宏刚，等，2015. 基于系统工程和统计学理论的中国土地整治体系框架构建［J］. 农业工程学报，31（15）：255-263.

张凤荣，王静，陈百明，等，2003. 土地持续利用评价指标体系与方法［M］. 北京：中国农业出版社.

张凤荣，周丁扬，徐艳，等，2009. 做好地块调整是发挥土地整理项目最大效益的重要环节［J］. 中国土地科学，23（11）：50-54.

张国云，2018. “两山”理论诞生与践行［J］. 中国发展观察（Z1）：122-126.

张红旗，王立新，贾宝全，2004. 西北干旱区生态用地概念及其功能分类研究［J］. 中国生态农业学报，12（2）：5-8.

张健，王文祥，2018. 论“两山理论”浙江实践的理论缘起、基本样板和经验［J］. 理论观察（8）：57-61.

张绍良，朱立军，侯湖平，等，2014. “五位一体”视域下的矿山生态修复［J］. 环境保护（Z1）：72-74.

张所续，2014. 中国土地污染现状分析及建议［J］. 当代经济（21）：6-8.

张伟，彭晓燕，2020. 城乡融合视域下土地综合整治的实施评价及优化［J］. 中国土地（5）：37-39.

张孝德，2017. “两山”理论：生态文明新思维新战略新突破［J］. 人民论坛（25）：66-68.

张艳彬，2016. 浙江“美丽乡村”建设中农村土地综合整治现状分析［J］. 浙江国土资源（3）：

25-26.

张扬，2018. 荒石滩土地整治耕层构建关键技术研究［D］. 西安：西安理工大学.

张英，成杰民，王晓凤，等，2016. 生态产品市场化实现路径及二元价格体系［J］. 中国人口·资源与环境，26（3）：171-176.

张志谭，2010. 浅述三维 GIS 在农村土地整治中的应用［J］. 测绘通报（8）：65-67.

赵丹，李锋，王如松，2009. 城市生态用地的概念及分类讨论［J］. 中国人口·资源与环境：19.

赵桂镇，贾文涛，柳晓蕾，2007. 农地整理过程中农田景观生态工程建设［J］. 农业工程学报，23（11）：114-119.

赵廷宁，辜再元，丁国栋，等，2006. 国内边坡绿化现状与发展［C］//中国水土保持学会. 发展水土保持科技、实现人与自然和谐：中国水土保持学会第三次全国会员代表大会学术论文集. 北京：中国水土保持学会：6.

赵彤彤，2014. 海阳市土地整治潜力与时空布局研究［D］. 济南：山东师范大学.

哲欣，2006. 从“两座山”看生态环境［N］. 浙江日报，2006-03-23（1）.

哲欣，2005. 绿水青山也是金山银山［N］. 浙江日报，2005-8-24（1）.

中共中央，国务院，2018. 关于全面加强生态环境保护 坚决打好污染防治攻坚战的意见［EB/OL］.（2018-06-16）［2018-06-25］.

中国土地勘测规划院，国土资源部地籍管理司，2007. 土地利用现状分类：GB/T 21010—2007［S］. 北京：中华人民共和国国土资源部.

中华人民共和国国土资源部，2001. 关于印发试行《土地分类》的通知（国土资发［2001］255 号）. http：//portal. mlr. gov. cn/pub/gtzyb/zwgk/ggtg/t20040625 _ 7272. htm.

中华人民共和国国土资源部，2012. 2012 中国国土资源统计年鉴［M］. 北京：地质出版社：42-55.

钟天明，严桥来，何佑勇，2020. 对开展全域土地综合整治助力乡村振兴战略实施的思考［J］. 浙江国土资源（3）：21-23.

周邦君，2002. 包世臣的边际土地利用技术思想［J］. 中国农史，21（4）：99-107.

周生贤，2013. 走向生态文明新时代——学习习近平同志关于生态文明建设的重要论述［J］. 求是（17）：17-19.

周焱，蔡学成，谢元贵，等，2006. 典型岩溶地区生态用地研究——以清镇市为例［J］. 中国土地科学，20（5）：38-41，62.

浙江省土地整理中心，2019. 助推乡村振兴战略 促进生态文明建设——浙江省全面实施全域土地综合整治与生态修复工程［J］. 浙江国土资源，（7）：27-29.

宗毅，汪波，2005. 城市生态用地的“协调—集约”度创新研究［J］. 科学管理研究，23（6）：32-35，57.

ABUBAKARI Z，VAN DER MOLEN P，BENNETT R M，et al，2016. Land consolidation，customary lands，and Ghana's Northern Savannah Ecological Zone：An evaluation of the possibilities and pitfalls [J]. Land use policy (54): 386-398.

AIDE T M, CLARK M L, RICARDO GRAU H, et al, 2012. Deforestation and reforestation of Latin America and the Caribbean (2001-2010) [J]. Biotropica, 45 (2): 262-271.

BAILEY R G, 1981. Integrated approaches to classifying land as ecosystems, proceeding of workshop on land Evaluation for Forestry [J]. The Netherland (28): 95-109.

BALDOCK D, BEAUFOY G, 1996. Farming at the margins: Abandonment or redeployment of agricultural land in Europe [R]. London The Hague: Institute for European Environmental Policy Agricultural Economics Research Institute.

BETHE F, BOLSIUS E C A, 1995. Marginalisation of agricultural land in the Netherlands, Denmark and Germany [R]. National Spatial Planning Agency, The Hague.

BROUWER F, BALDOCK D, GODESCHALK F, et al, 1999. Marginalisation of agricultural land in Europe [R]. Lisird Naplio Conference Papers: 1-13.

CHARTIN C, EVRARD O, SALVADOR-BLANES S, et al, 2013. Quantifying and modelling the impact of land consolidation and field borders on soil redistribution in agricultural landscapes (1954—2009) [J]. Catena (110): 184-195.

CHAZDON R L, 2008. Beyond deforestation: Restoring forests and ecosystem services on degraded lands [J]. Science, 320 (5882): 1458-1460.

Commission of the European Communities (CEC), 1980. Effects on the environment of the abandonment of agricultural land [R]. Luxembourg: Commission of the European Communities.

DENG X, HUANG J, ROZELLE S, et al, 2006. Cultivated land conversion and potential agricultural productivity in China [J]. Land Use Policy, 23 (4): 372-384.

DI FALCO S, PENOV I, ALEKSIEV A, et al, 2010. Agrobiodiversity, farm profits and land fragmentation: Evidence from Bulgaria [J]. Land use policy, 27 (3): 763-771.

DÍAZ G I, NAHUELHUAL L, ECHEVERRÍA C, et al, 2011. Drivers of land abandonment in Southern Chile and implications for landscape planning [J]. Landscape and Urban Planning, 99 (3): 207-217.

EUGENE P, 1981. 生态学基础 [M]. 孙儒泳，等，译. 北京：人民教育出版社：153-154.

FAO, 2006. Agriculture and the Environment: Changing Pressures [G]. Rome: Solutions and Trade-offs.

HANCOCK G R, GRABHAM M K, MARTIN P, et al, 2006. A methodology for the assessment of rehabilitation success of post mining landscapes—sediment and radionuclide transport at the former Nabarlek uranium mine, Northern Territory, Australia [J]. Science of the Total Environment, 354 (2/3): 103-119.

HIX DAVID M, CHECH ANDREA M, 1993. Development of an ecological classification system for the Wayne National Forest [J]. US Forest Service, North Central Forest Experiment Station: 491-501.

HUBERT B, 1991. Changing land uses in Provence (France) Multiple use as a management tool [J]. Options Méditerranéennes-Série Séminaires-n (15): 31-52.

JOHN A. KUPFER, SCOTT B. FRANKLIN, 2000. Evaluation of an ecological land type classification system, Natchez Trace State Forest, Western Tennessee, USA [J]. Landscape and Urban Planning (49): 179-190.

JPG, 2014. Sylvie Gauthier: A new approach to ecological land classification for the Canadian boreal forest that integrates disturbances [J]. Land Ecol (29): 1-16.

KHANAL N R, WATANABE T, 2006. Abandonment of agricultural land and its consequences: A case study in the Sikles area, Gandaki Basin, Nepal Himalaya [J]. Mountain Research and Development, 26 (1): 32-40.

MARTA P S, PETIT P S, LAURENCE J, et al, 2008. Land use functions-multifunctionality approach to assess the impact on land use changes on land use sustainability. Sustainability impact of assessment of land use change [M]. Berlin: Springer: 375-404.

MOYZEOVÁ M, KENDERESSY P, 2015. Territorial systems of ecological stability in land consolidation projects (example of proposal for the lses of klasov village, slovak republic) [J]. Ekológia (Bratislava), 34 (4): 356-370.

PAT BARCLAY, JESSICA L. BARKER, 2020. Greener Than Thou: People who protect the environment are more cooperative, compete to be environmental, and benefit from reputation [J]. Environmental Psychology, 72: 101441.

RENWICK A, JANSSON T, VERBURG P H, et al, 2013. Policy reform and agricultural land abandonment in the EU [J]. Land Use Policy, 30 (1): 446-457.

RICHARD A. SIMS, IANG W. CORNS, KAREL KLINKA, 1996. Introduction-global to local: Ecological land classification [J]. Environmental Monitoring and Assessment, 39: 1-10.

STRIJKER D, 2005. Marginal lands in Europe: Causes of decline [J]. Basic and Applied Ecology, 6 (2): 99-106.

ZHANG Y Z, HU Y F, ZHUANG D F, 2020. A highly integrated, expansible, and comprehensive analytical framework for urban ecological land: A case study in Guangzhou, China [J]. Journal of Cleaner Production, 268: 122360.